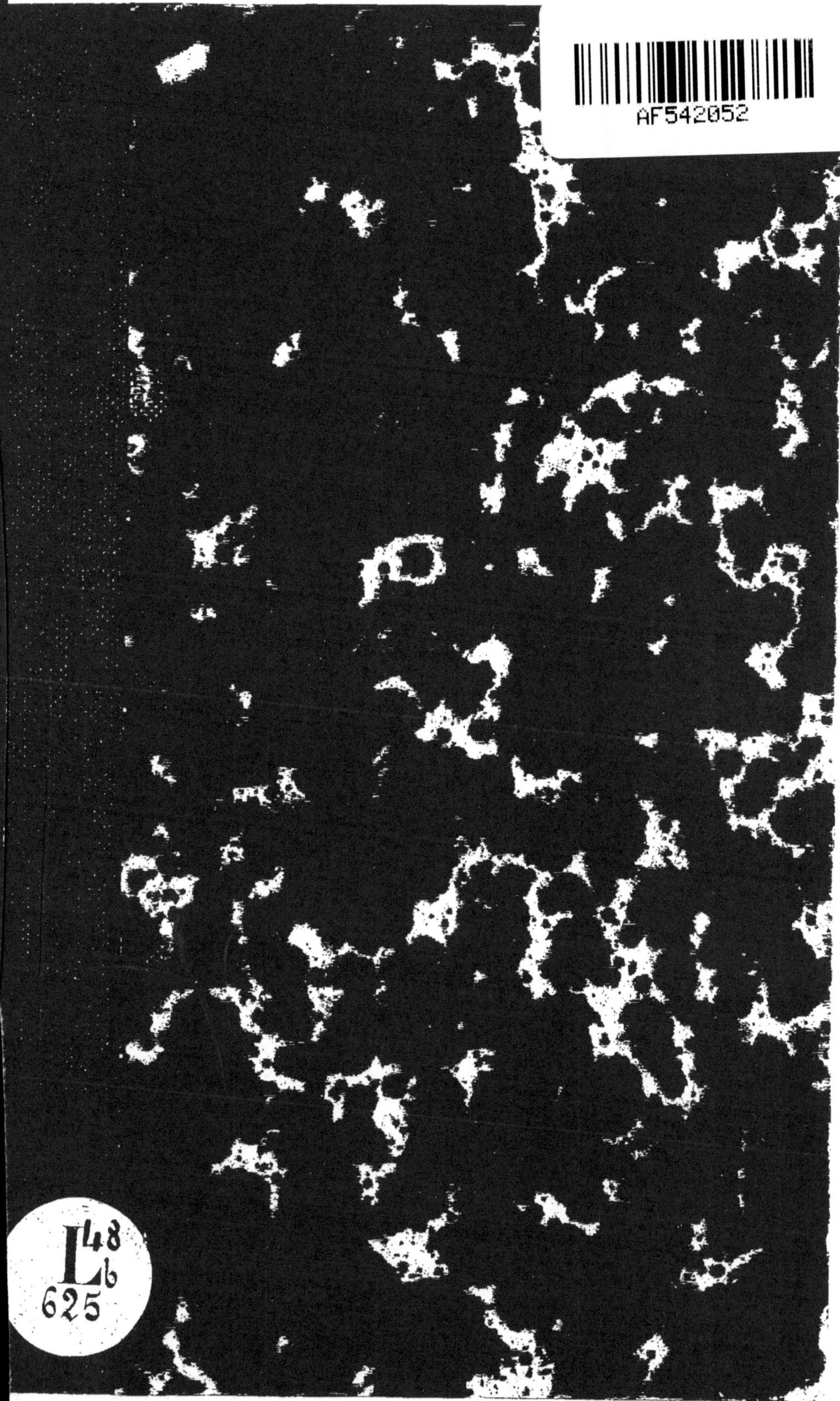

# PROCÈS DES PRÉVENUS DE LA CONSPIRATION FORMÉE A LYON AU MOIS DE JANVIER 1816.

CONTENANT : l'Acte d'accusation. — Les Pièces à charge et à décharge. — Les dépositions des témoins. — Le détail de ce qui s'est passé dans chaque Séance à la Cour d'Assise. — L'Analyse du discours de M. l'Avocat-général. — Les Discours des Accusés. — Le Résumé de l'affaire, par M. le premier Président, et le Jugement rendu par la Cour, avec des détails particuliers, etc.



A LYON,

Chez CHAMBET, Libraire des Théâtres, rue Lafont.

On trouve chez le même le Procès de MOUTON-DUVERNET.

De l'Imprimerie de BRUNET, rue Confort, N.° 21.

1816.

## ERRATA.

Page 45, au lieu de *quand avez-vous revu Rosset*, lisez : *Didier*.

Page 49, ligne 9, au lieu de *La Population*, lisez : *La Populace*.

Il peut y avoir d'autres fautes typographiques ; nos lecteurs, par leur sagacité, les corrigeront.

# PROCÈS
# DE LA CONSPIRATION
## *Du Mois de Janvier* 1816.

*Séance du Lundi* 26 *août* 1816.

Les débats de cette importante affaire se sont ouverts, à neuf heures du matin, dans la grande salle des assises, au Palais de justice. Dès avant huit heures, les portes du Palais étaient assiégées par une foule avide, qui à l'ouverture s'y est précipitée avec fougue; en un clin-d'œil la salle entière a été remplie. Un détachement de troupes suisses formait la garde intérieure et extérieure du Palais, un piquet de chasseurs des Pyrénées fournissait une vedette en face de la porte principale de la prison; la police de la salle était confiée à des commissaires revêtus de leur costume, et accompagnés d'un assez grand nombre d'agens et de surveillans de nuit.

On apercevait dans les bancs du parquet M.^me de Lavalette, M.^me Rosset, ses deux filles et d'autres parens des accusés.

M.^rs les Jurés occupaient leurs sièges; la Cour, composée de M.^rs Bastard d'Estang, premier président; Coste, Danglantier-de-St.-Germain, Durand de Vermont et Denamps conseillers, entre et prend place. M. l'avocat-général Chantelauze remplit les fonctions du ministère public, et M. Marchand celles de greffier.

Les défenseurs des accusés prennent leurs places, savoir: M. Guerre, pour Rosset. M. Lombard de Quincieux, pour Montain. M. Menou, pour Lavalette. M. Journel, pour le colonel Jacquemet. M. Hombron, pour Simon, et M. Beaujard, pour Rosa.

On procède à l'appel nominal de M.^rs les Jurés; on introduit les accusés, ils sont placés chacun entre deux gendarmes; leur ton est tranquille et assuré, leur mise est décente ; Rosset marche avec des béquilles, s'étant cassé la cuisse en voulant s'échapper par une échelle de cordes de la prison de Rouane ; Montain marche aussi avec des béquilles des suites d'une maladie qui a agi sur le système nerveux, sa figure est souffrante et sa voix éteinte ; Lavalette est décoré de la Croix de la Légion d'Honneur, et du Lis ; Jacquemet et Simon, quoique militaires, sont en habits bourgeois ; le premier est décoré des Croix de St.-Louis, de la Légion d'Honneur et du Lis, et le second de la Légion d'Honneur et du Lis ; Rosa a son habit de sergent de l'ex-jeune garde impériale, il est aussi décoré de la Croix de la Légion d'Honneur et du Lis.

M. le premier Président procède au tirage au sort des douze Jurés qui, sur les trente désignés, doivent former le Juri du jugement. Les voici : M.rs Henri de Bellevue, président ; Vincent de Vaugelas, Vincent de St. Bonnet, Munet, Balanche, Cœur, Mondesert, Prodon, Félissen-Neyran, Ducruet, Mongolfier et Poupar ; ces quatre derniers, au moyen des récusations légales exercées par moitié, soit par M. l'Avocat-général, soit par le sieur Rosset, au nom de quatre de ses co-accusés ont été proclamés Jurés de droit.

Les Jurés recusés par M. l'Avocat-général sont, Messieurs Dufournel, de la Roue, Desescure, Roër, Audiffret, Dassac, Devienne, Gavinet et Chazal, et ceux par les accusés, M.rs Durieux de Souzy, Dugueyt, Delacroix de Laval, Bonna de Perex, Devernas, Bollot, Magneval, Travi et Dugas.

On fait l'appel des témoins, ceux à charge sont placés dans une salle, et ceux à décharge dans une autre.

Le Greffier donne lecture de l'acte d'accusation tel qu'il suit :

## ACTE D'ACCUSATION.

Le Procureur-Général près la Cour Royale de Lyon, Chevalier de l'Ordre Royal de la Légion d'Honneur, Expose :

Que par arrêt de cette Cour rendu le 22 juillet présent mois par la Chambre d'accusation, il a été déclaré qu'il y avait lieu à accuser,

1.° Benoit-Louis ROSSET, âgé de 44 ans, manufacturier de papiers peints, né et domicilié à Lyon, place de la Charité ;

2.° Jean-François MONTAIN, docteur en médecine, âgé de 38 ans, né et domicilié à Lyon ;

3.° Jean-Louis-Étienne LAVALETTE, âgé de 32 ans, ex-receveur-général du département des Basses-Alpes, domicilié à Digne, natif d'Argenlieu, département de l'Oise ;

4.° Pierre-Christophe SIMON, âgé de 35 ans, officier licencié, débitant de tabac, domicilié à Lyon, rue Poulaillerie, natif de la même ville ;

5.° Michel ROSA, âgé de 30 ans, sergent dans la Légion du Rhône, caserné à Lyon, natif de Marseille ;

6.° Et Michel JACQUEMET, âgé de 44 ans, colonel en non activité du 1.er régiment d'infanterie de ligne, né et domicilié à Colonge, département de l'Ain ;

D'être, lesdits susnommés, auteurs ou complices d'un complot tendant à détruire le Gouvernement Royal et légitime, à armer les citoyens contre l'autorité Royale, à exciter la guerre civile, en armant ou en portant les citoyens à s'armer les uns contre les autres ; à porter la dévastation, le massacre et le pillage dans la ville de Lyon et les départemens environnans ; ledit complot tendant encore à se rendre maître de la ville de Lyon ; à s'emparer de l'autorité civile, judiciaire et militaire ; à faire marcher des bandes, qu'ils auraient levées, armées et organisées, contre les troupes du Roi qui se portaient sur Lyon ; à se saisir de l'artillerie qui était à Lyon, tant pour la tourner contre les citoyens que pour la diriger contre les troupes du Roi ; à opérer un soulèvement contre l'autorité Royale, tant dans la ville de Lyon que dans les départemens de l'Ain, de l'Isère, du Rhône et autres environnans, à la faveur duquel soulèvement ils se proposaient de bouleverser la France entière ; et dans cette vue d'avoir préparé et rédigé une proclamation tendante à tromper et à égarer le peuple Français, à ébranler les sentimens de fidélité qu'il doit à son Souverain légitime.

En outre, de n'avoir pas révélé ledit complot aux autorités légalement constituées, dans les 24 heures qui ont suivi la connaissance qu'ils en ont eue.

Et en outre encore, ledit Benoît Rosset, d'avoir fait rebellion à la force armée, d'avoir fait des blessures aux personnes qui la composaient, et d'avoir mis le feu à leurs vêtemens en jetant sur ces personnes une substance chimique connue sous le nom d'*huile de vitriol* ;

Crimes prévus par les articles 87, 88, 89, 91, 96, 103, 105, 106, 209, 212, 311, 59 et 60 du Code pénal.

Et lesdits Rosset, Montain et les autres dénommés ont été renvoyés à la Cour des Assises du département du Rhône, qui tiendra ses séances à Lyon dans le courant du mois d'août prochain, pour être jugés selon la loi.

Déclare le Procureur-Général, qu'en exécution du susdit arrêt, ayant fait un nouvel examen de toutes les pièces de la procédure, ils en résulte les faits suivans :

L'affaire dont on va rendre compte est encore une de ces conspirations dans le genre de celles qui ont été ourdies à Paris, qui ont éclaté sous les murs de Grenoble, et qu'on a fomentées dans le département de l'Ain; conspirations dans lesquelles des hommes sans considération et sans consistance, perdus de dettes, altérés de pouvoir, se livrant au délire de leur ardente imagination et aux rêveries d'une ambition insensée, ont osé, sous les yeux du Roi, contre le vœu de la France, et en présence de l'Europe, concevoir le projet et former le complot de bouleverser et déchirer de nouveau leur patrie, d'achever sa ruine en la livrant encore aux calamités de la guerre civile et étrangère, et en renversant le trône aujourd'hui sa seule garantie et sa dernière espérance, contre les maux qu'elle éprouve et ceux qu'elle peut craindre.

Dans le courant de janvier dernier les accusés, connus en général par leur esprit séditieux, et dont les liaisons avec Paul Didier de Grenoble font assez présager les intentions, résolurent de détruire et de changer le Gouvernement légitime, et de donner à la France pour souverain l'enfant de l'usurpateur.

*Didier* et *Rosset* qui, depuis le retour du Roi entretenaient des liaisons intimes et avaient eu des entrevues, sur-tout dans les mois de novembre et décembre dernier, se réunirent le 16 janvier dans la maison de campagne, située au territoire des Massues près de Lyon et que possède Rosset; ils y arrivèrent entre 9 et 10 heures du soir accompagnés du nommé Bonnand, commis dudit Rosset;

Didier et Bonnand couchèrent seuls dans cette maison de campagne d'où Rosset se retira en défendant expressément à ses gens qui habitaient la maison, de dire que personne y fût venu et y eût couché.

Le lendemain 17 sur les 10 heures du matin Rosset se rend à sa maison, accompagné du sieur Simon, l'un des accusés, et à leur arrivée ils y trouvent quatre personnes réunies, du nombre desquelles était Paul Didier, qui alors se faisait appeler Auguste, surnom qu'il avait pris pour mettre en défaut l'administration de police, dont il redoutait la vigilance, et qui était instruite de ses menées dans plusieurs départemens qu'il venait de parcourir pour exciter la fermentation dans les esprits et les soulever contre l'autorité Royale.

Didier se donna aux personnes présentes pour un ex-représentant de la soi-disant chambre convoquée pendant l'interrègne, et leur annonça qu'il les avait convoqués pour leur faire part des prétendues intentions des habitans de 45 départemens. Il était, lors de l'arrivée des conspirateurs, occupé à rédiger et à dicter à un secrétaire une proclamation; il les pria de lui laisser achever son ouvrage; et après que ceux-ci furent sortis, pendant un court espace de temps qu'ils employèrent à visiter le jardin et les appartemens, il les fit entrer et leur donna lecture de sa proclamation, conçue à-peu-près en ces termes :

*Au nom de l'indépendance nationale !*

Français, le Roi qui vous gouverne n'est que le ministre de Wellington; vous savez la haine que les Anglais vous ont vouée; nous n'avons plus ni ports, ni marine, ni commerce; ils ne veulent que des rois et des serfs.

Les ministres Carnot et Fouché, qui sont en Autriche, nous ont fait connaître les intentions de cette puissance; elle reconnaît quels sont ses torts envers vous, et vous promet de vous rendre Napoléon II et sa mère, si vous consentez à former une alliance avec elle.

Aux armes! aux armes! L'Autriche va seconder vos efforts, réunissez-vous d'intention et de courage, tous les partis et les opinions ne feront qu'un, etc., etc.

Parmi les personnes présentes à cette réunion, se trouvait l'accusé Montain qui, au moment où Didier lut le passage de sa proclamation où il est dit :

Les Anglais ne veulent que des rois et des serfs, l'interrompit en observant qu'au mot *Rois* qui blesserait souverainement l'oreille du peuple, il fallait substituer le mot de *Maître*, qui convenait beaucoup mieux.

Après la lecture de la proclamation, Didier instruisit l'assemblée de tous ses projets et de ses succès dans les courses qu'il venait de faire; il ajouta ensuite : vous n'ignorez pas, MM., que les anciens ministres ont donné volontairement leur démission, et que le 20 octobre dernier, tous les représentans de l'ex-chambre des députés se sont assemblés sous leurs auspices; là on a discuté les droits du peuple sur le choix du Souverain; plusieurs ont été désignés pour parcourir les différens départemens, afin de sonder les esprits et les préparer à se révolter et à changer le Gouvernement. Les ministres Carnot et Fouché sont partis pour l'Autriche, ils vont intriguer auprès de cette Couronne et solliciter qu'elle envoie au plutôt aux Français Napoléon II et sa mère, et ils ont promis de nous tenir toujours au courant de leurs progrès. Les départemens du Puy-de-Dôme, Loire, Ardêche, les Cévennes, la Haute-Loire, le Rhône, l'Ain, l'Isère, les Hautes-Alpes et la Drôme me sont échus en partage; j'ai parcouru déjà tous ces départemens, et j'ai fait des progrès considérables sur les esprits; de concert avec mes collégues, nous avons établi, dans chaque ville, un agent sûr pour notre correspondance, et afin qu'il agisse auprès de ses connaissances pour nous procurer des hommes et de l'argent; le département du Rhône est celui que je parcours le dernier, et c'est sur M. *Rosset* que j'ai jeté mes vues pour remplir l'emploi d'agent de l'indépendance nationale dans cette ville; nous avions déjà un plan de campagne levé par plusieurs généraux dont la plus part sont proscrits; l'artillerie de Briançon, composée de 800 bouches à feu, est à notre disposition; le Dauphiné fournira près de 20,000 hommes; les Autorités de plusieurs départemens sont déjà nommées; j'ai vu, à mon passage dans l'Auvergne, les généraux Excelmans et Guillet; ce dernier a du monde dont il dispose, et m'a donné des lettres de recommandation pour plusieurs maisons des Cévennes. Le Préfet de Tarbes est pour nous; et, d'après des nouvelles que j'ai reçues de mes collégues, les départemens qui avoisinent Lille et la Flandre ont, depuis le traité de paix, bien diminué de leur empressement à soutenir les Bourbons; Nantes est dans les mêmes dispositions; mes collégues de Paris font des progrès inouis. Vous, M. Rosset, qui avez déjà dû vous assurer de vos forces, indiquez-nous maintenant les moyens que vous allez employer pour vous emparer de la ville de Lyon.

Rosset répondit alors : j'ai déjà prévenu toutes les personnes qui peuvent participer à cette affaire; je renouvellerai mes instances; au surplus, 400 hommes suffisent pour s'emparer de la ville; j'ai à ma disposition plus de 50 de mes ouvriers qui tous sont déjà armés; les officiers du 6.me régiment d'infanterie légère, qui ont recruté pendant plus de 10 ans à Lyon, ont une grande partie de leurs soldats dans cette ville, ils m'en ont promis 250 ; plus de 25 réfugiés du Midi, tous armés, sont à ma disposition, et la majeure partie des anciens officiers de la Garde nationale qui se sont réservés beaucoup des leurs, feront, pendant la prise de la ville, des patrouilles, ils dissiperont et préviendront les rassemblemens, et ils seront aidés par des Gardes nationaux actuellement en activité, et qui sont prévenus du changement préparé ; je rassemblerai ma troupe aux Brotteaux ; plusieurs surveillans destitués, sous le commandement d'un de leurs officiers qui a subi le même sort, se présenteront à l'Hôtel-de Ville, feignant d'y conduire un homme prétendu arrêté ; ils s'empareront de la sentinelle, et, à ce moment, j'entrerai dans le poste, je le désarmerai et le constituerai prisonnier ; de là je me rendrai à la place de Bellecour avec les pièces de canon qui sont à l'Hôtel de Ville, et annoncerai sa prise par un coup de canon ou par le son des cloches, pour, qu'à ce signal, les personnes instruites de ce mouvement, sortent et se rallient aux officiers de Garde nationale qu'ils trouveront à leurs postes respectifs ; je m'emparerai des Autorités, et, au même moment, vous, M. Didier, vous ferez partir des couriers pour Grenoble, Bourg, etc., afin que le même mouvement y commence aussitôt. Ceci est très-bien, répartit Didier ; mais vous n'ignorez pas que le 24 de ce mois, on attend à Lyon le régiment des Chasseurs des Pyrénées, fort d'environ 600 chevaux ; quel parti prendre ? il faut alors hâter l'affaire de manière qu'elle ait lieu avant cette époque. Rosset répliqua : tout sera prêt le 20 au matin ; dans la nuit du 20 au 21, l'affaire aura lieu. Le 21 au matin, nous enverrons le Capitaine Simon, avec 400 hommes et deux pièces de canon, sur la route de Vienne, il y prendra position et attendra l'arrivée du régiment ; vous, M. Didier, vous établirez, ainsi que vous l'avez dit, votre quartier-général à St-Denis-de-Bron ; vous serez à même, dans cette position, d'envoyer et de recevoir des ordres de Grenoble, Vienne et Lyon.

Cela va très-bien, répondit Didier ; ainsi c'est pour la nuit du 20 au 21. Cependant je suis en peine de mon collégue Lavalette, il n'a pas écrit depuis huit jours ; je crains qu'il ne lui soit arrivé quelque chose dans le Dauphiné : allons, séparons-nous, j'ai besoin de rester seul ici pour expédier diverses dépêches ; vous, M. Rosset, vous viendrez me voir ce soir, et vous instruirez ces MM. de ce qu'il pourra y avoir de neuf.

Ainsi se quittèrent les conjurés le 17 janvier à midi, en prenant différentes routes. Il est à remarquer qu'il n'y a que Didier, Rosset, Simon et Montain qui sont désignés par la procédure comme faisant partie de cette réunion, quoiqu'elle fût composée de six personnes; les deux autres restent encore inconnues.

Le lendemain 18, sur les deux heures de l'après-midi, Rosset se rendit chez Simon, lui demanda s'il a à sa disposition un appartement pour une réunion qui aura lieu ce soir à sept heures, et à laquelle il conduira Lavalette. Simon promet, et Rosset satisfait, dit : nous sommes mieux dans nos affaires que vous ne le pensez; tout nous favorise; le dépôt de la légion du Rhône est à nous; si vous y connaissez quelqu'un vous pouvez vous en convaincre.

Simon qui avait vu chez lui Roza, sergent dans la légion du Rhône, le fait aussitôt avertir de passer dans son magasin; sur cette invitation Rozat arrive à trois heures de l'après-midi; Simon l'interroge sur l'esprit de la légion, et lui demande s'il a connaissance d'un prochain changement de gouvernement. Roza répond que l'on peut compter sur lui et sur quelques-uns de ses camarades, mais qu'il ignore ce que pensent les autres; qu'il a passé la journée avec plusieurs négocians qui l'ont entretenu de ce qui se préparait. Il demanda le jour où l'affaire devait avoir lieu. Simon dit : avant le 25, et il ne vous manquera ni armes ni argent.

Roza se retire et va faire part à Caremouche son sergent-major, qui avait servi dans l'ex-garde, de ce qu'il a appris; il l'amène chez Simon pour lui faire répéter ce que celui-ci avait dit. Simon les conduit dans un café voisin renouvelle au Sergent les confidences faites à Roza, et après une conversation ils se séparent.

Le soir du même jour 18, entre sept et huit heures, il y eut une réunion dans les appartemens de Simon; celui-ci s'y trouva à l'heure indiquée, et un quart d'heure après arriva Lavalette, accompagné de deux personnes inconnues; quelques minutes s'écoulèrent et Rosset entra. Jusqu'à l'arrivée de celui-ci il ne fut question de rien, mais aussitôt qu'il fut dans la chambre, Lavalette demanda si l'on approuvait la proclamation rédigée par Didier, et que si elle n'était pas bien, il en proposerait une autre, toujours dans le même sens; il demanda ensuite si on avait un imprimeur sur lequel on pût compter pour l'impression; on répondit que la proclamation de Didier était bien faite, et au même instant se présentèrent trois autres personnes qui demandèrent Rosset, celui-ci se leva en hâte et fit passer les intervenans dans un cabinet voisin ; après cinq minutes de dialogue avec eux, Rosset sortit, et dit à Lavalette : allons-nous-en, les personnes que j'avais invitées m'ont manqué de parole, on me demande aux Broteaux pour un détachement que l'on me promet de la Guillotière. Aussitot chacun se leva et se retira ; il était à peu près huit heures et demie. La réunion était composée de huit personnes dont on ne connait que Lavalette, Rosset et Simon, les autres ayant la tournure de simples chefs d'ateliers.

Ainsi par le narré de ces faits extraits des pièces de la procédure, on voit qu'il y a eu un complot formé contre l'Etat et l'autorité Royale ; que ce complot devait recevoir sa première exécution en s'emparant, au nom d'un prétendu souverain, de la ville de Lyon dans la nuit du 20 au 21 janvier, que le 17 du même mois dans la réunion qui eut lieu dans la maison de Rosset, au territoire des Massues, Montain se trouva présent, qu'il coopéra à la rédaction de la proclamation faite par Didier, qui alors se faisait appeler Auguste ; que le plan de la conspiration fut arrêté dans cette réunion ; que le 18 il y eut dans les appartemens de Simon une nouvelle réunion où figura Lavalette.

Que le 19 le général Maringonné, qui commande le département du Rhône, ayant eu des notions de ce qui se tramait, fit arrêter Simon, qui dans les différents interrogatoires par lui subis, n'a dénié aucun des faits ci-devant rappelés.

Dans la nuit du 19 au 20 janvier, Rosset fut également arrêté, et suivant le procès-verbal de son arrestation, il a été trouvé chez lui deux paires de pistolets, deux fusils doubles de chasse, deux fusils de munition et un poignard. Au moment où il fut découvert dans sa retraite, il se répandit en invectives contre la Garde nationale et les Autorités de Lyon, menaçant de faire périr ceux qui oseraient l'approcher ; et s'étant emparé d'une bouteille d'huile de vitriol, il jeta de cet acide à la figure de ceux qui cherchaient à l'arrêter, les blessa et brûla une partie de leurs vêtemens.

Le même jour 20 janvier, Lavalette, qui avait quitté Lyon sur le premier avis de l'arrestation de Rosset, et qui prenait la route de Paris, fut arrêté à Roanne par un Commissaire de police dépêché à cet effet.

Ledit jour 20 janvier, Montain fut arrêté dans les appartemens de M. Dépouilly, quartier neuf des Capucins.

Enfin Rosa a été également arrêté, et quant au colonel

Jacquemet, les ordres furent donnés pour sa traduction dans la maison de justice.

En rapportant à chaque accusé les faits qui lui sont personnels dans l'accusation dirigée contre tous, on dira :

1.° Qu'il paraît constant que le colonel Jacquemet a été un des machinateurs de la conspiration et l'intermédiaire des conjurés, que c'est lui qui les a mis en relation, et qui le premier a fait des ouvertures à Simon, auquel il parla d'un vaste projet relatif au changement du Gouvernement, en lui faisant promettre d'aller voir Rosset, qu'il désigna comme le chef du complot ; qu'inutilement il a nié dans ses réponses ce fait qui paraît solidement établi ; qu'il est certain que dans les deux domiciles qu'il a eus momentanément à Lyon, il a reçu des visites fréquentes de Montain et de Rosset, que dans le principe il a nié avoir vu Rosset ; mais que vivement pressé de questions il a fini par l'avouer ; que cet aveu tardif ôte tout crédit à ses dénégations sur le fait de la sollicitation pratiquée par lui envers Simon, et s'il n'a pas assisté aux différentes réunions, où le plan de complot, et de son exécution ont été arrêtés, il est évident qu'il n'y a pas été étranger, qu'il l'a préparé, qu'il en a eu connaissance, et il ne l'a pas décélé.

2.° Par rapport à Rosset, la procédure établit qu'il a été en relation suivie avec Didier, qui se disait l'un des directeurs de l'indépendance nationale ; que Rosset a reçu plusieurs de ses lettres, notamment celle qui lui fut remise par le nommé Montagnon ; que Didier lui dépêcha dans les derniers jours de 1815, et à laquelle il fit une réponse que rapporta Montagnon ; que, le lendemain de la réception de la lettre il partit pour se rendre à Saint-Laurent-de-Mure, dans l'auberge tenue par Dorel, qu'il dîna tête à tête avec Didier, passa le reste du jour avec lui, coucha dans le même appartement, et repartit de l'auberge au moment où Didier prenait de son côté la route de Grenoble, et depuis ce moment Rosset a fait d'autres courses dans le Dauphiné pour y conférer avec Didier.

La procédure établit encore que le 16 janvier au soir, Rosset a reçu dans sa maison de campagne aux Massues, ledit *Paul Didier* qui, le 15 août avait couché chez Michel Creuzet, à la Guillotière, d'où il n'était sorti le 16 qu'à neuf heures du matin, et où il ne rentra que le 17, ainsi que cela est constaté par les déclarations, tant de Michel Creuzet que par celles des cultivateurs de la campagne de Rosset, et ces derniers ont fait connaître que le 16 au soir le nommé Bonnand, commis de Rosset, arriva dans la maison apportant des couvertures et des draps, pour garnir un lit, où coucha un inconnu qui arriva accompagné de Rosset, circonstance qui sert à prouver la réunion de la matinée du 17, et qui démontre la sincérité des aveux obtenus sur cette réunion.

Il est de plus établi que le 17 Rosset assista à l'assemblée tenue chez lui, dans laquelle Didier fit lecture de sa proclamation tendante à renverser le Gouvernement, et à faire armer les citoyens contre l'autorité Royale, puisqu'on y lit ces mots; *aux armes! aux armes!* et que dans cette réunion Rosset ne se refusa point à la qualité d'agent et de correspondant du prétendu comité d'indépendance nationale, lorsque Didier qui s'en est fait l'un des directeurs, lui donna ce titre; que dans cette réunion encore Rosset fit connaître aux conjurés les plans et les moyens de renverser le Gouvernement légitime, et de s'emparer de la ville de Lyon, et donna les détails rapportés ci-dessus dans l'exposition des faits généraux; que dans la réunion du lendemain tenue dans les appartemens de Simon, Rosset annonça qu'il attendait des fonds et témoigna son impatience de n'avoir pas encore reçu ceux destinés pour le Dauphiné; qu'il quitta l'assemblée en annonçant qu'il était obligé de se rendre aux Brotteaux pour un détachement qu'on devait lui fournir de la Guillotière.

Il est encore établi que Rosset a reçu chez lui Lavalette, qu'ils se sont rendus ensemble au faubourg de la Guillotière auprès de Didier, avec qui ils ont eu un entretien secret.

Enfin c'est lui qui dans le plan d'attaque proposé pour s'emparer de Lyon, que les conjurés se proposaient ensuite de mettre en état de siège, fut chargé de se porter sur l'Hôtel-de-ville, à la tête de 400 hommes armés, au nombre desquels il comptait 50 ouvriers de sa manufacture.

A tous ces faits Rosset n'a opposé que des désavœux soutenus, ou des réponses vagues, évasives et illusoires.

Lorsque les commissaires de police, assistés de leurs agens et accompagnés de la garde nationale, se sont présentés dans son domicile pour l'arrêter, il a, comme on l'a dit, fait usage d'un produit chimique, à l'aide duquel il a fait des blessures à plusieurs préposés de l'autorité publique, et l'on a trouvé dans son domicile quatre fusils, quatre pistolets, un poignard, deux barils et un paquet de poudre à tirer.

3.° Relativement à Simon, il est constant, par ses déclarations, ses aveux et ses révélations consignées dans la procédure,

Qu'à diverses reprises et à l'instigation de Jacquemet, il a vu Rosset, avec lequel il a projeté la conspiration dont il s'agit;

Qu'il a assisté à la réunion du 17 janvier, dans la maison de campagne de Rosset, réunion où, comme on l'a dit, fut faite la lecture de la proclamation, et où l'on arrêta le plan et les moyens d'exécution du complot;

Qu'il a fourni le local où s'est tenue la réunion du lendemain 18, à laquelle il assista avec Rosset, Lavalette et autres conspirateurs.

Qu'il a cherché à connaître l'esprit des soldats de la légion du Rhône, et à la faire entrer dans une conspiration; qu'à cet effet, le même jour 18 janvier, et dans la réunion de ce jour-là, il a attiré dans son magasin Roza, l'un des co-accusés, sergent dans ladite Légion, et lui proposa de s'associer avec les conjurés, lui et ceux de ses camarades sur lesquels il croirait pouvoir compter, assurant qu'au moment de l'exécution on ne manquerait ni d'homme ni d'argent; propos qu'il répéta à Carmouche, sergent-major de la légion, amené chez lui par Roza, en allant avec eux dans un café boire des liqueurs spiritueuses;

Et qu'après qu'on se serait rendu maître de la ville et des autorités, c'était lui, Simon, qui devait commander les 400 hommes et les deux pièces de canon destinés à arrêter la marche du régiment des chasseurs des Pyrénées, actuellement en garnison dans cette ville.

Il est vrai de dire que le 19 janvier, deux jours avant celui arrêté pour l'exécution du complot, Simon conçut des craintes ou des remords, et forma le dessein de dévoiler la conspiration; qu'il adressa à cet effet au général commandant le département, une lettre par laquelle il le prévenait qu'il existait dans la ville un foyer d'insurrection, ainsi que des rassemblemens d'hommes armés, que leur projet était de s'emparer de la ville et des Autorités, et que l'insurrection s'étendrait à plusieurs départemens; en ajoutant qu'il avait cru de son devoir d'en avertir son général, afin qu'il pût prendre les précautions nécessaires pour déjouer un semblable attentat; mais le général qui était déjà sur les traces du complot, ayant fait arrêter Roza et ayant reçu de lui des renseignemens sur les communications qu'il tenait de Simon, fit aussi arrêter ce dernier, qui après des réponses ambiguës dans le premier moment, finit par dévoiler tous les ressorts mis en jeu, et toutes les manœuvres employées postérieurement. Il a expliqué qu'il avait été entraîné dans la conspiration par le colonel Jacquemet, qu'il n'y était entré que pour la connaître et pour la dévoiler, et il a soutenu que les Autorités n'avaient été véritablement instruites que par sa lettre au général, et par ses reponses données dans la nuit du 19 au 20 janvier. Ce point de l'affaire si essentiel à Simon, a besoin d'être éclairci, et le sera dans les débats.

4.° En ce qui touche Rosa, la procédure fait connaître que le 18 janvier, il a connu le complot, et a agréé la proposition de Simon d'en faire partie ; qu'après son acceptation, il se rendit à la cazerne de la légion, auprès de son sergent-major, qu'il le prit à l'écart, en lui faisant part du mouvement projeté pour renverser le Gouvernement, et de là le conduisit chez Simon, pour qu'il pût se convaincre de la vérité de son rapport.

Il est avoué par-là que Rosa a eu connaissance du complot, et qu'il a à se reprocher de ne l'avoir point révélé dans le terme de 24 heures fixé par la loi.

5.° Par rapport à Montain, si la procédure montre en lui un homme qui usait de circonspection, et attendait l'évènement pour se mettre en évidence, elle ne le désigne pas moins comme ayant pris secrètement une part très-active au complot ; il a coopéré à la rédaction de la proclamation faite dans le conciliabule du 17 janvier, il n'a pu nier d'avoir été ce jour là dans la maison de Rosset, et, avant ce jour, il a eu de fréquens entretiens avec Rosset et Jacquemet. Le 17, au moment où l'on fit lecture de la proclamation, il observa que les mots *Rois*, *Sujets*, sonneraient mal à l'oreille du peuple, et qu'il fallait y substituer ceux de *maîtres* et de *serfs*, changement qui fut adopté ; *et on est frappé en retrouvant ces mêmes mots dans la proclamation originale et manuscrite saisie sur Didier lors de son arrestation.* Si l'on rapproche en effet cette proclamation dont l'autenticité ne peut être niée, de celle lue dans la réunion du 17 janvier et amendée par Montain, on reste convaincu que ces deux proclamations sont identiquement la même pièce que les fragmens de celle de Lyon, *rapportés purement de mémoire trois mois avant les évenemens de Grenoble*, concordent parfaitement avec le texte de la proclamation saisie sur Didier, et cette concordance montre bien que celle-ci est la même qui fut arrêtée et lue à Lyon, la même à laquelle Montain fit faire les changemens, la même enfin qui fut entendue par Simon.

Ce rapprochement extraordinaire et inattendu, jette le plus grand jour sur l'accusation, il établit la sincérité des déclarations de Simon, il établit la réalité de la réunion du 17, il établit les relations de Didier et de Montain, il doit enfin porter la lumiere et la conviction dans tous les esprits justes et impartiaux.

6.° Relativement à Lavalette, la procédure fait connaître, et lui-même convient qu'il a été destitué de sa place de receveur-général du département des Basses-Alpes, et mis en surveillance à Grenoble.

Il était un des instigateurs et des chefs de la conspiration; son arrivée à Lyon était attendue avec impatience depuis plusieurs jours par les conjurés, notamment par Didier, qui, le 17, témoigna à Rosset son inquiétude à son sujet.

Arrivé à Lyon le 18 janvier au matin, il assista, le soir du même jour, à la réunion qui eut lieu dans les appartemens de *Simon;* il demanda si la proclamation de Didier était bien faite, disant que, dans le cas contraire, il en présenterait une autre, toujours dans le même sens; il demanda de plus si on avait un imprimeur de confiance, pour la faire imprimer avant l'exécution du complot; et, le même soir, il eut une entrevue avec Didier qui était logé à la Guillotiere, chez le sieur Creuzet, où Rosset le conduisit.

En résumant tous les faits qui viennent d'être extraits de la procédure, il en résulte l'affreuse conséquence que le projet des accusés était, de concert avec Didier et ses autres adhérens, de bouleverser la France entière, et de changer son Gouvernement. Si le complot est certain, si la procédure offre la preuve complette de son existence, il ne peut être douteux qu'il n'y eût des personnes qui dussent le mettre à exécution, et quelles seraient ces personnes, si ce n'étaient les accusés? Eux qui ont eu des correspondances, des relations actives et des conférences secrètes avec Didier; Eux qui ont tenu des conciliabules; Eux qui ont cherché à embaucher les soldats; Eux qui ont entendu préparé et corrigé des proclamations? Didier a avoué qu'il était l'ame du complot tramé à Lyon, il a avoué qu'il devait s'exécuter dans le courant du mois de janvier, et s'il n'a pas nommé ses complices, la procédure les désigne hautement à la justice.

En conséquence, Benoît-Louis Rosset, Jean-François Montain, Jean-Louis-Étienne Lavalette, Pierre-Christophe Simon, Michel Rosa et Michel Jacquemet, qualifiés comme il est dit au commencement de cet acte, sont tous accusés d'être auteurs ou complices du crime de complot tendant à détruire le Gouvernement royal et légitime, à armer les citoyens contre l'Autorité royale, à exciter la guerre civile en armant ou en portant les citoyens à s'armer les uns contre les autres, à porter la dévastation, le massacre et le pillage dans la ville de Lyon et les départemens environnans; ledit complot tendant encore à se rendre maître de la ville de Lyon, à s'emparer de l'Autorité Civile, Judiciaire et Militaire, à faire marcher des bandes qu'ils auraient levées armées et organisées, contre les troupes du Roi qui se portoient sur Lyon, à se saisir de l'artillerie qui était à Lyon, tant pour la tourner contre les citoyens, que pour la diriger contre lesdites troupes du Roi, à opérer un soulevement contre l'Autorité royale, tant dans la ville de Lyon que dans les départemens de l'Ain, de l'Isère, du Rhône et autres environnans, à la faveur duquel soulevement ils se proposaient de bouleverser la France entière; et, dans cette vue, d'avoir préparé et rédigé une proclamation tendante à tromper et à égarer le peuple français, à ébranler les sentimens de fidélité qu'il doit à son Souverain légitime;

En outre, de n'avoir pas révélé ledit complot aux Autorités légalement constituées, dans les vingt-quatre heures qui ont suivi la connaissance qu'ils en ont eue;

Et en outre encore, ledit Benoît-Louis Rosset, d'avoir fait rébellion à la force armée, d'avoir fait des blessures aux personnes qui la composaient, d'avoir mis le feu à leurs vêtements en jetant sur ces personnes une substance chimique, connue sous le nom d'huile de vitriol.

Faits et circonstances sur lesquels la Cour d'Assise du département du Rhône, devant laquelle les accusés sont renvoyés pour être jugés, aura à statuer conformément à la loi.

Fait au Parquet de la Cour Royale, Lyon, le 26 juillet 1816. — *Signé* J. F. Delhorme.

Après cette lecture, M. le P.er Président, ordonne que l'on fasse sortir les cinq accusés autres que Simon.

Il reste seul.

M. le premier Président, l'interroge sur ses noms, prénoms, âge, etc.

Le capitaine Simon, répond : je me nomme Pierre-Christophe Simon, j'ai le grade de capitaine, je suis né à Lyon le... j'y demeurais au moment de mon arrestation.

*D.* Où étiez-vous en 1811 ?

R. A Lyon.

*D.* En 1813 ?

*R.* Je faisais partie de la Garde.

*D.* Ou était votre corps à la même époque ?

*R.* En Espagne, nous faisions partie de l'armée de Soult.

*D.* Que fesiez-vous dans l'intervalle de 1811 à 1813 ?

*R.* J'étais en convalescence à Lyon, et je m'y mariai.

*D.* N'étiez-vous pas à Fontainebleau lorsque Bonaparte abdiqua ?

*R.* Oui, M. le Président, je fus choisi pour le suivre à l'île d'Elbe.

*D.* Votre femme vous y suivit-elle ?

*R.* Elle vint m'y rejoindre.

*D.* Etes-vous revenu en France au mois de mars 1815 ?

*R.* Oui Monsieur, et je repartis de Lyon au bout de 24 heures pour aller à Paris.

*D.* Et votre femme ?

*R.* Elle ne passa en France qu'un peu de temps après, l'Autorité royale commandait à Marseille, la dame Simon y fut incarcérée comme venant de l'île d'Elbe.

*D.* A quelle époque avez-vous connu le sergent Roza ?

*R.* Lorsqu'il vint voir ma femme, en janvier 1816.

*D.* D'où la connaissait-il ?

*R.* Des prisons de Marseille où il se trouva détenu en même temps qu'elle.

*D.* Comment se faisait-il que malgré la différence de condition, ce sergent vînt rendre visite à votre femme ?

*R.* Je fus étonné qu'elle le connût, mais je cessai de l'être quand je fus informé de leur entrevue dans les prisons de Marseille ; le malheur réunit les rangs.

*D.* Pourquoi Roza était-il en prison ?

*R.* Ma femme m'a dit que c'était pour ses opinions.

*D.* Que fîtes-vous pendant l'interrègne ?

*R.* De Paris j'allai à Vaterloo, où je fus blessé ; je revins à Paris, où je ne restai que trois jours, et de là je fus dirigé sur la Loire ; je m'arrêtai à Bourge, à Monluçon, et après le licenciement, à saint Junien ; de l'ordre du maréchal Magdonal,, j'y commandais le dépôt du premier régiment de ligne.

*D.* De qui fîtes vous la connaissance à saint Junien ?

*R.* Du colonel Jacquemet, ayant pris parti pour lui dans

dans une discussion d'amour-propre entre les Officiers, j'allai lui faire visite, je n'eus qu'à me louer de lui.

*D.* Combien restâtes-vous à saint-Junien ?

*R.* Vingt-cinq jours après l'arrivée du colonel, en tout quarante-cinq jours.

*D.* Quel jour avez-vous quitté saint-Junien ?

*R.* Je partis le 2 novembre, et le 6 j'arrivai à Lyon ; le corps dont je faisais partie n'arriva que le 13.

*D.* A quelle époque croyez-vous que le colonel Jacquemet y fût ?

*R.* Du 15 au 20 décembre.

*D.* N'avez-vous pas connu un autre colonel dans l'armée sur la Loire ?

*R.* Le colonel Hurel, dans les voltigeurs de la Garde.

*D.* Où est-il aujourd'hui ?

*R.* Dans son département ; je le crois sans emploi.

*D.* A votre arrivée à Lyon, vous êtes-vous présenté chez le Général commandant ?

*R.* Je me présentai chez l'Inspecteur aux revues, le général Jacquemard commandait alors le département.

*D.* Pourquoi ne fûtes-vous pas employé ?

*R.* Je crus devoir refuser de l'emploi pour ne pas descendre d'un grade.

*D.* Etes-vous connu du général Maringoné ?

*R.* Il a succédé au général Jacquemard, il a dû avoir de lui les états des Officiers de ce département.

*D.* Avez-vous été vous présenter au Général ?

*R.* Je le vis au mois de janvier, avec tous les Officiers.

*D.* Où l'avez-vous vu la première fois ?

*R.* A Globo ; j'étais alors dans la ligne.

*D.* Quand avez-vous revu le colonel Jacquemet ?

*R.* Dans cette ville ; la première fois que j'allai lui faire visite, il était à l'hôtel du Parc ; j'avais eu avis de son arrivée par le capitaine Cormeau ; le colonel était indisposé.

*D.* Etait-il employé ?

*R.* Il est resté à demi-solde.

*D.* Quand vous êtes-vous revus ?

*R.* Quinze jours se passent, j'apprends du capitaine Cormeau que le colonel est logé chez Gaspard, rue St-Joseph, je fus lui faire une visite.

*D.* L'avez-vous revu ?

*R.* Quatre à cinq fois.

*D.* Quel a été le sujet de vos conversations ?

*R.* La première fois il me questionna sur ma position.

*D.* Ces questions n'auraient-elles pas eu plutôt pour

objet de vous attirer dans un projet tendant à renverser le gouvernement et à vous engager à servir le parti ?

*R.* Il me disait qu'il était honteux pour un Français de rester dans l'inaction. Que s'il avait une lueur d'espérance que le gouvernement pût éprouver des changemens, il n'hésiterait pas de lever à ses frais un bataillon pour faire la guerre aux étrangers et aux ennemis de la France.

*D.* Que lui répondiez-vous ?

*R.* Je lui faisais observer que si nous avions le malheur que le gouvernement changeât, nous aurions de nouveau à soutenir la guerre des Alliés.— Mais, disait-il, la guerre deviendrait nationale, et dans ce cas les alliés nous laisseraient maîtres.

*D.* Que savez-vous de plus du colonel Jacquemet ?

*R.* J'ai su depuis qu'il avait eu des conférences relatives à des projets contre le gouvernement.

*D.* Avec qui ?

*R.* Avec un marchand de papiers peints, qui lui parlait de vastes projets.

*D.* Quel était cet homme ?

*R.* Il me dit que sa tête était bien un peu exaltée : venez me voir, m'ajoutait le colonel, je saurai son nom et sa demeure.

*D.* Qu'avez-vous su ?

*R.* Que c'était le sieur Rosset, place de la Charité. Le renouvellement de l'année me fit un devoir de rendre visite au colonel, il me dit le nom et la demeure du sieur Rosset : il paraît insensé dans ses espérances, ajouta-t-il, mais pour voir ce qui se passe, allez-y.

*D.* Que se passa-t-il ?

*R.* Le sieur Rosset me reçut froidement, il parut se défier de moi : votre sort est à plaindre, me dit-il, d'être sans emploi ; cela ne peut durer ; . . . venez me voir, je vous tiendrai au courant de ce qui se passe. . . . .

*D.* Rendîtes-vous compte de tout ceci au colonel Jacquemet ?

*R.* Non, pas le même jour, mais après avoir vu quelquefois le sieur Rosset, le colonel me disait qu'il fallait attendre prudemment, et ne pas s'avancer ; si les événemens devenaient favorables, il pourrait, d'après eux, régler sa conduite.

*D.* Ne vous dit-il pas que les officiers du 7.e de ligne favoriseraient ses projets, s'ils en trouvaient l'occasion ?

*R.* Il ne m'a désigné aucun corps.

*D.* Avez-vous vu Rosset et Montain chez Jacquemet ?

R. Il avait un médecin ; ami de Rosset ; j'ai dû conjecturer que c'était Montain.

D. Après que vous fûtes initié dans leurs projets, quelles confidences vous furent faites ?

R. Je ne les ai plus vus du 13 au 17 janvier.

D. Pourquoi donc si peu d'empressement ?

R. Je ne fis aucune démarche avant le 18. Le 17 Rosset me fit une visite pour m'attirer dans son projet : *j'attends des nouvelles satisfaisantes*, me dit-il. Il était parti pour Grenoble dans les 8 à 9 premiers jours de janvier, il en était revenu du 10 au 15. Un de ces jours il passa chez moi pour me voir, je n'y étais pas, il dit à ma femme : *vous lui direz que c'est M. Rosset.*

D. Lui avez-vous manifesté que vous ne croyez pas au succès ?

R. Je riais de tout ce qu'il me disait, et lui montrais que je n'avais aucune confiance dans ce qu'il m'annonçait : — *la fin couronnera l'œuvre*, me répondait-il. Le 17 au matin il vint me voir, j'étais encore au lit : *M. l'Incrédule*, levez-vous *et montez avec moi*, etc. ( *Le sieur Rosset parlait de la maison de campagne qu'il possède aux aqueducs.* )

D. Vous avait-il parlé de chef de l'entreprise ?

R. Oui, avant son départ pour Grenoble.

( Ici le capitaine Simon fait un récit qui est conforme à ce qu'on a lu dans l'acte d'accusation )

Rosset et Simon, partis seuls, par St.-George, arrivent sans rencontrer personne ; à la maison de campagne, le maître sonne, un domestique vient lui ouvrir. — Ils trouvent 4 personnes dans un appartement où il y avait du feu : — on se salue ; tous, excepté deux, vont parcourir les jardins et les appartemens : — un des promeneurs dit : *la maison est en vente, on dira qu'exprès on est venu pour l'acheter.* — On rentre. — Il désigne l'une des 4 personnes réunies avant leur arrivée ; cette personne prenait le nom d'*Auguste*, c'est à lui, comme personnage de marque, qu'au retour de la promenade au jardin, on présente Simon, *ex-capitaine aide-major de la garde ;* la seconde personne était un docteur, deux autres sont restées inconnues ; Rosset et Simon complettent la réunion. — ( Costume d'Auguste ) habit marron, surtout pistache ou olive qu'il quitta, culotte et bas gris.... Rosset manifeste à l'assemblée *son étonnement de l'arrivée* du personnage principal, dont il n'attendait *que des lettres.* — Lecture de la proclamation, que ce personnage nommé Auguste achevait de dicter lors de l'arrivée de Rosset et de Simon ; — elle devait être affichée la veille du mouvement ; — Simon, de mémoire, en rappelle les principaux passages, avec un peu plus d'étendue que dans l'acte d'accusation..... On remarque que c'est le docteur qui fait substituer aux mots de *Rois* et de *sujets* ceux de *maîtres* et de *serfs*, etc., etc.

*D*. Quel était ce docteur ?

*R*. J'ai su depuis que c'était le médecin du colonel Jacquemet.

*D*. Quels étaient les noms de deux autres personnages non désignés ?

*R*. Je n'ai jamais pu les savoir ; on ne se fesait pas de question, *on s'observait*.

*D*. Didier n'aurait-il pas vu quelqu'un dans les Cévennes, où vous avez dit dans vos interrogatoires qu'il avait des partisans ?

*R*. Je ne sais.

*D*. Fut-il question de l'accusé Lavalette ?

*R*. Didier, après avoir lu la proclamation, annonça de l'inquiétude du silence du sieur de Lavalette.

*D*. C'était donc un agent de Didier ?

*R*. Je le pense.

*D*. Comment le fit-il connaître ?

*R*. Il n'était pas le parent de l'ex-directeur-général des postes, Chamans de Lavalette.

*D*. Par qui celui-ci était-il recommandé aux hommes de votre parti ?

*R*. Il est parent de M. de Labédoyère.

*D*. Comment se sépara-t-on ?

Le capitaine Simon termine son récit. Didier dit qu'il voulait rester seul .... *Vous, M. Rosset, vous viendrez ce soir prendre mes ordres* .... Toutefois il paraît que l'exécution des projets arrêtés dans cette réunion était subordonnée aux préparatifs ; peut-être l'éclat eût-il été ajourné de beaucoup, sans l'arrivée du régiment des Pyrénées. — Didier annonça que le mouvement serait connu dans les villages par le son des cloches, qui répéteraient le coup de canon de l'indépendance donné comme signal. — On se sépare et on ne se revit plus de la journée.

Simon ayant cessé cette partie de l'exposé, M. le premier Président s'adresse au ministère public.

— M. l'Avocat-général, il me paraît que Simon a omis des faits essentiels.

Simon, vous n'avez pas reparlé de ce qui se passa lors du licenciement de l'armée ; les colonels ne donnèrent-ils pas un repas où il fut porté des toasts à l'usurpateur, et où l'on se promit de ne jamais se désunir de sentimens dans quelque lieu qu'on se trouve dispersé ?

Réponse affirmative.

*D.* Quel était le sujet de vos entretiens avec le colonel Jacquemet à St.-Junien ?

*R.* Il fesait des réflexions sur les événemens du temps; il paraîtrait qu'elles lui étaient suggérées, et que l'on devrait attribuer ces suggestions aux propagateurs parcourant les départemens pour corrompre l'opinion publique.

*D.* Pour aider votre mémoire, écoutez ce que vous avez écrit dans votre écrit intitulé : Confession générale. ( *Cette pièce est lue.* ) Vous avez dit dans votre première déclaration, soit que le colonel n'avait annoncé l'intention de lever un regiment qu'autant qu'il y aurait du changement dans le gouvernement, et alors il serait blâmable ; soit que cette intention aurait été la suite d'une conspiration tendant à renverser le gouvernement, ce qui rendrait le colonel coupable ; faites-nous sentir cette nuance.

*R.* Je la crois établie par mes déclarations ; il ne devait lever le bataillon qu'après l'insurrection.

*D.* Revenons à l'affaire de Lyon, quel en était le chef ?

*R.* Je l'ignorais, Didier lui-même n'en était pas le chef, il en est d'autres bien plus importans.

M. le Président. Votre première déclaration est-elle vraie ?

*R.* Oui.

*D.* Il en résulte donc bien que le colonel Jacquemet était partisan de l'ex-empereur, qu'il entretenait ses sentimens parmi les officiers, qu'il usait de précaution avec ceux d'une opinion différente, et enfin que c'est à lui que Simon doit ses rapports avec le sieur Rosset.

Réponse affirmative.

M. le Président. Le défenseur de Rosset a-t-il quelque chose à objecter ?

Le défenseur ne fait aucune objection.

*D.* En vous séparant de Rosset après la conférence du 17, il vous nomma plusieurs personnes, et entr'autres, Arthaud, Pasquier, les frères Dépouilly ; les connaissez-vous ?

*R.* Je n'en connais aucun.

*D.* Par où êtes-vous passé pour retourner chez vous ?

*R.* Par le quai de la Baleine.

*D.* Quel jour Roza vint-il rendre visite à votre femme?

*R.* Le 17.

M. le Président : Messieurs, Didier étant en jugement, M. le lieutenant-général de police jugea convenable de le confronter avec Simon ; cette confrontation eut lieu devant M. le Prévót à Grenoble. Didier contredit Simon sur plusieurs points, mais il est des fais principaux qu'il avoue ; ainsi suivant Didier, il y aurait eut une conférence entre les mêmes personnages, *mais* au lieu de la placer le 17 au matin à la maison de campagne du sieur Rosset, il soutint qu'elle eut lieu chez Simon, rue de l'Enfant-qui-pisse, et que c'était Simon qui tint tous les discours que ce dernier met dans la bouche de Didier ou de Rosset, à cette même conférence ; elle aurait été tenue, suivant Didier, le soir et non le matin. Simon, au contraire, a toujours soutenu qu'il n'avait vu Didier qu'à la maison de Rosset, et que le Docteur n'est jamais venu chez lui.... Ainsi, en résumant et comparant ce que disent Didier et Simon, ils s'accordent, si ce n'est sur le moment de la réunion, le lieu et le chef. — Vous persistez donc, Simon, à nous dire que le 17 au soir il n'y a pas eu de réunion ?

*R.* J'y persiste.

Interrogé de nouveau par le premier Président sur ce qui s'est passé le 18, Simon explique que Rosset serait venu chez lui dans la matinée, et lui aurait dit : « Je con-
» duirai chez vous ce soir M. de Lavalette qui est arrivé,
» nos craintes sont dissipées, la légion est à nous ; vous,
» M. l'incrédule, voyez, si vous connaissez quelqu'un
» dans la légion.... »

Simon explique comment il fit venir Roza, de qui il n'obtint autre chose, si ce n'est qu'il ne pouvait répondre de ses camarades ; que satisfait, lui Simon, de savoir ce qu'on pouvait penser de la légion, il se sépare de Roza et de Carmouche qu'il avait amenés ; celui-ci ne dit rien : Simon prétend qu'entre lui et ces deux soldats, il ne fut nullement question de ce qui s'était dit ou fait le 17.

*D.* A quelle heure était-on chez vous le 18 ?

*R.* je suis rentré à sept heures et demie environ à mon appartement, vis-à-vis celui de mon beau-frère ; j'ai attendu une demi-heure, M. de Lavalette est arrivé, deux autres inconnus ensuite.

*D.* Pouvez-vous nous donner leur signalement ?

*R.* Chacun avait un garrick. Lavalette fixait l'attention, il était annoncé par Rosset, il ne dit rien, jusqu'à ce que ce dernier soit arrivé..... ( il rapporte le surplus de cette soirée, comme dans l'acte d'accusation. )

*D.* Combien étiez-vous ?

*R.* 8 personnes, en me comptant. Excepté les deux qui étaient en garrik et Lavalette, les autres paraissaient des chefs d'atelier de Rosset ; je ne lui fis aucune question à cet égard.

*D.* Combien dura cette conférence ?

*R.* Vingt minutes, les personnes mandées par Rosset n'étant pas venues.

*D.* Fut-il parlé de guerre, d'expédition?....

*R.* Non, ni même de politique.

M. le Président : ceci MM., est relatif à la déposition du sieur de Lavalette. Est-ce que Didier n'avait pas qualifié de Lavalette ?

*R.* Il l'avait qualifié d'officier supérieur.

*D.* Que dit Lavalette ?

*R.* Peu de choses, il demanda si la proclamation était bien faite.....

*D.* Fut-il question du jour où le complot éclaterait ?

*R.* Non, Monsieur.

*D.* Expliqua-t-il la cause de son retour à Lyon ?

*R.* Il était arrivé le jour même, et partait pour Paris.

*D.* En donna-t-il le motif ?

*R.* On ne lui fit aucune question à ce sujet ; s'il le dit en secret, ce n'est pas devant moi.

*D.* La nouvelle proclamation qu'il avait faite fut-elle lue ?

*R.* Non, Monsieur.

*D.* Les autres personnages parlèrent-ils à cette conférence ?

*R.* Ceux que je pris pour des chefs d'atelier ne dirent pas un mot.

*D.* Rosset parla-t-il du coup de main ?

*R.* Il n'en parla pas ; trois personnes étant survenues, ont attiré le sieur Rosset à part, et après, ce dernier a dit : on me demande aux Brotteaux ; tous sont sortis ensemble.

Ici M. le Président fait un résumé de l'ensemble des déclarations de Simon, relatives aux journées du 17 et du 18, et à quelques faits qui les avaient précédées.

*D.* Que fites-vous le 18 au soir ?

*R.* Je rencontrai le capitaine Cormeau, et lui parlai de l'imprudence que j'avais faite, et que s'il n'était pas si tard j'irais avertir le Général, et lui faire des révélations importantes.

M. le Président : vous reconnaissiez donc vos torts et l'imprudence de votre conduite ?

*R.* Oui, Monsieur; (il cite de mémoire la lettre qu'il écrivait à cette occasion.)

( *M. le Président en donne lecture, elle se trouve conforme.* )

*D.* Que fites-vous après avoir écrit cette lettre à M. le Général ?

*R.* Je ne sortis pas de chez moi, j'attendis les ordres de mon Général, je ne vis personne de tout le jour : à 6 ou 7 heures du soir arriva son aide-de-camp; je crus qu'il venait de sa part m'inviter à passer auprès de lui, mais je fus arrêté. Lorsque j'arrivai chez M. le Général, j'y trouvai Rosa qui avait été arrêté pour avoir tenu des propos; il m'avait cité, ce qui n'était pas étonnant, d'après ce que j'ai dit de ce qui s'était passé entre lui et moi le 18.

*D.* Pourquoi ne donnâtes-vous pas de suite des détails au Général ?

*R.* Me voyant arrêté, et ne pouvant deviner que M. le Général avait laissé ma lettre dans ses papiers sans la lire, je me troublai, faisant cette réflexion : si ma lettre m'attire cette disgrace, que sera-ce si je parle ? mais lorsque le Général eût fait chercher ma lettre, et qu'il en eût pris lecture, lui-même prit la peine de me rassurer, et je donnai alors des détails.

Il explique ici pour sa justification, que si tous les faits qui viennent d'être exposés ont été recueillis dans son interrogatoire, ils font la matière des déclarations qu'il fit de lui-même, soit dans ses premiers momens, soit même depuis dans sa confession; le tout antérieur à l'interrogatoire qu'il prêta devant M. le Lieutenant-général de Police.

*D*, Vous a-t-on demandé, chez le Général, quels étaient vos rapports avec le sieur Rosset ?

*R*, On ignorait tout, on ne me fit aucune question, et l'on n'a rien appris que de mes révélations.

Tous ne furent désignés que par leurs signalemens à M. de Senneville; on fit des recherches, il y eut des confrontations, et c'est ainsi que je les reconnus tour-à-tour.

Celui-ci (en montrant la place où Montain s'était assis à son arrivée) a bien changé depuis.

M.e Beaugeard demande de fixer si l'interrogatoire subi devant le Général, eut lieu avant la révélation.

M. le Président éclaircit le fait, il n'y eut pas d'interrogatoire subi dans cette soirée, mais des révélations.

M. l'Avocat-général : Simon, Lavalette fut-il désigné par Didier, le 17, comme un collégue?

*R.* Oui.

M. le Président : Comment avait-il pris le titre *d'indépendance nationale!*

*R.* C'était le texte de la proclamation.

M. le Président explique le sens de cette proclamation, et fait remarquer les mots de *maîtres* et de *serfs*.

( *Il lit cette pièce : In parte quâ.* )

« *L'Anglais ne veut que la ruine de notre belle Patrie......*

« *ses moyens*.......... des rois et des sujets..........

Or, MM., sur l'avis de Montain, on substitua à ces derniers mots ceux de *maîtres* et de *serfs*.

( *La pièce est représentée à l'accusé Simon, il reconnaît la phrase et la correction citée.* )

*D.* Etant détenu depuis le 20 janvier, sans aucune communication avec les autres accusés, avez-vous reconnu à Grenoble l'homme que vous avez vu aux Massues ?

*R.* Je l'ai parfaitement reconnu, ainsi que je l'ai dit à M. le Prévôt.

M.e Journel : à quelle époque a-t-il annoncé sa première entrevue avec le colonel Jacquemet à Lyon ?

*R.* Fin de novembre ou commencement de décembre, je ne me rappelle pas bien.

M. l'Avocat-général : d'après la confession, c'est le 15 décembre ?

*R.* Je m'en rapporte à mes déclarations.

M. le Président : s'il y a des erreurs de dates, elles sont bien possibles.

M.e Journel : il m'importait de fixer qu'il convenait aujourd'hui du 15, et que........

M. le premier Président : Simon, vous nous avez dit que le complot pouvait avoir des ramifications à Clermont, qu'il en était une de celui qui a éclaté à Grenoble, et de celui qui devait avoir lieu à Lyon ; quels étaient leurs moyens de correspondre ?

*R.* Par la poste, en se servant d'un style mystérieux, comme s'il se fût agi d'affaires de commerce, et souvent aussi par des domestiques affidés.

*D.* Comment à Lyon ?

*R.* Le sieur Rosset me fit voir une lettre de ce genre à laquelle je ne pouvais rien comprendre.

M.e Guerre : à quelle époque ?

*R.* C'était chez lui, avant son départ pour Grenoble.

*D.* Connaissez-vous Lefort ?

*R.* Non, j'ignore pourquoi il fut arrêté.

*D.* Comment aurait-on armé les 50 ouvriers ?

*R.* On disoit avoir des armes.

*D.* De qui les autres conjurés en auraient-ils obtenu ?

*R.* Les officiers qui devaient les commander, leur en auraient fait donner.

*D.* N'y avait-il pas à Lyon un négociant qui devait en fournir ?

*R.* Je n'ai entendu aucunement parler de ce fait.

*D.* Avoit - on désigné des personnages pour occuper les emplois civils et militaires ?

*R.* Il n'en a été fait nulle mention.

*D.* Qui avait été chargé de l'expédition de Vienne ?

*R.* Jusqu'alors moi seul.

M. le Président : si, dans tous ces faits il y avait des contradictions dignes d'être relevées...... j'invite MM. les défenseurs... ( plusieurs voix ) oh ! beaucoup, M. le premier Président........ nous faisons nos réserves... ....

M.^e^ Guerre : en voilà une bien frappante, il vient de dire : le 18 je ne suis sorti qu'à deux heures........ et dans un de ses écrits remis à la Police, où il s'exprime : *sur mon honneur*, il dit : *je sortis sur les 10 heures.*

M.^e^ Lombard : Quel jour le complot devait-il éclater ? MM. les Jurés, vous allez connaître le sieur Simon ; vous venez de lire la lettre au général Maringoné......... obligé, etc......

*R.* J'ai tout expliqué....... (1).

M. le premier Président : c'est bon ; je continue. Que nous dites-vous de l'officier Blanchard ?

*R.* On voulait le replacer.

*D.* De Bacheville ?

*R.* Je n'ai eu avec lui aucuns rapports. (2)

M. le premier Président : faites entrer Roza ; il entre, il répond aux questions sur ses noms, âge, profession, pays de naissance ; il répond aussi aux premières questions sur sa conduite, qu'il a servi depuis sa jeunesse, qu'il fut arrêté à Marseille le premier mars, pour cause d'insubordination envers son père.

---

(1) M. Lombard, pressant trop vivement Simon de s'expliquer sur les faits, celui-ci lui a répondu avec humeur : *Je n'ai rien à vous répondre à vous, mais bien à M. le Président.*

(2) Simon, pendant son interrogatoire s'est exprimé avec beaucoup d'ordre, de méthode et de facilité.

M. le premier Président : à votre âge, il n'est pas présumable que votre peré ait usé de ces moyens, il faut que vous ayez été arrêté par mesure de police ?

*D.* Vous aviez sans doute de l'attachement à la cause de l'usurpateur ?

*R.* Je ne l'ai jamais prouvé.

*D.* A Marseille, on était resté fidèle au Roi; enfin, vous avez été renfermé combien de temps ?

*R.* Un mois.

*D.* C'est-à-dire, jusqu'au moment où le drapeau tricolore a été placé à Marseille. Où avez-vous été ?

*R.* On me fit partir dans la Garde.

*D.* Comment êtes-vous de la légion du Rhône étant natif de Marseille ?

*R.* En vertu de l'ordonnance du Roi.

*D.* Elle vous envoyait dans votre pays ?

*R.* J'ai demandé à venir à Lyon ; n'étant pas fortuné je préférais ne pas retourner dans mon pays.

*D.* Parvenu au grade de sergent, vous étiez déjà dans une position honorable, et si vous n'aviez eu d'autres motifs, pourquoi ne pas aller à Marseille ?

*R.* Chacun a ses raisons. (Il prétend avoir eu une autorisation particulière de ses chefs pour rester dans la légion du Rhône.)

Interrogé sur les faits relatifs à l'accusation, il déclare en substance sur les questions qui lui sont faites par M. le premier Président, comment il eut occasion de voir la dame Simon dans les prisons de Marseille ; elle y avait été retenue par l'Autorité royale, alors restée en vigueur dans cette ville ; qu'il apprit qu'elle était de Lyon, et qu'y étant, lui Roza vint la voir le 17 janvier chez sa belle-mère où il eut son adresse rue de la Poulaillerie. A cette première visite, il aurait été reçu très-froidement du capitaine Simon, qui lui parla peu et continua de fumer une pipe. Mais que le 18 après-midi, ce dernier le fit appeler à sa caserne, et qu'il vint chez Simon, qu'il le fit passer dans une salle au fond de sa boutique, que le capitaine s'étant saisi d'un stilet lui aurait parlé d'un projet, lui affirmant que 45 départemens avaient promis qu'une fois l'affaire en train, on ne manquerait ni d'argent ni d'hommes, et que c'était le capitaine Cormeau qui devait enfoncer les portes de la caserne. Qu'enfin ledit Simon lui aurait demandé quelles seraient les dispositions de la légion ; que lui Roza ayant dit que cela méritait réflexion, on lui fit promettre une réponse avant cinq heures.

Roza aurait fait part de ces ouvertures à son sergent-major, le nommé Carmouche ; qu'ils étaient revenus chez Simon, lequel les aurait conduits à un café dans son quartier, que l'on y aurait bu chacun un verre d'eau-de-vie, et qu'après quelques mots de l'entretien qui précède, ils se seraient retirés tous deux, le capitaine Simon leur disant : *MM., je compte sur vous ;* ceux-ci n'auraient rien promis.

*D.* Depuis quand étiez-vous à Lyon ?

*R.* Depuis un mois et demi.

*D.* Comment se fait-il que pouvant vous recommander d'une personne capable de vous être utile, vous ayez différé aussi long-temps ?

*R.* L'idée ne m'en était pas venue.

*D.* Pourquoi y êtes-vous revenu le 18 ?

*R.* La dame Simon m'a fait demander à la caserne par un inconnu, qui m'a conduit chez M. Simon.

*D.* A quelle heure avez-vous eu cette entrevue avec Simon ?

*R.* Sur les trois heures.

*D.* Redites-nous ce que vous dit Simon ?

*R.* Que le moment était arrivé de renverser le gouvernement, qu'un coup de canon entre minuit et une heure serait le signal pour agir en commun ; dès demain je pars pour marcher sur Vienne.

*D.* Que répondîtes-vous et que fîtes-vous ?

*R.* Que l'esprit de la légion du Rhône était de rester fidèle à son légitime Souverain ; de là j'ai été figurer dans une représentation au théâtre des Célestins.

M. le Président : n'avez-vous pas dit à la dame Simon que des négocians vous avaient parlé d'un changement prochain dans le gouvernement ?

*R.* Je ne me le rappelle pas.

*D.* Simon, d'après vous, voulait vous gagner ; quel usage voulait-il faire d'un stilet ?

*R.* Il l'avait à la main, je l'ai vu.

*D.* Ce n'est pas ainsi qu'on cherche à gagner quelqu'un : vous aviez votre sabre ?

*R.* Non, monsieur.

*D.* Quelle raison, si vous n'étiez pas armé, avait-il de venir droit à vous un stilet à la main, puisqu'il n'avait rien à craindre de vous ? n'est-ce pas un conte que vous imaginez, pour qu'on croie que vous n'avez consenti au projet que par violence ?

*R.* Non, je le jure, je n'y ai pas consenti.

M.e Beaugeard : Messieurs, je puis attester à la cour,

que j'en ai parlé à M. le général Maringoné, en sa présence, Simon est convenu d'avoir un stilet à la main.

*Simon.* Je conduisis Roza devant l'embrasure de la croisée qui donne sur la cour, là était l'extrémité de mon épée, que j'avais cassée dans la voiture publique; cet objet était dans mes mains sans importance.

M. Beaugeard : le fait est attesté.

M. le Président : ce bout d'épée avait-il un manche; quelqu'un de votre maison l'a-t-il vu ?

*R.* Oui, à moins qu'il n'ait été perdu comme chose inutile et sans importance.

Roza soutient que cette pointe d'épée était montée dans un morceau de bois rond.

Simon : il ne l'a jamais été, je n'en faisais aucun cas.

Roza : je le jure, *quand il existerait la mort....*

M. le Président : cela est pourtant invraisemblable : pour quelle époque le mouvement devait-il avoir lieu?

*R.* La nuit même du 18, il devait être annoncé par un coup de canon ; aussi Carmouche me dit le lendemain : *et bien, le coup de canon n'a pas eu lieu.*

*D.* Vous a-t-il dit qu'il partait par Vienne ?

*R.* Non.

*D.* Que plusieurs surveillans destitués, sous le commandement d'un chef aussi destitué, se présenteraient à l'Hôtel-de-Ville, sous un prétexte, et s'empareraient de la sentinelle ?

*R.* Non.

*D.* Qu'à ce moment, Rosset à la tête d'une troupe d'hommes armés entrerait dans le poste de l'Hôtel-de-Ville, le désarmerait et le constituerait prisonnier ?

*R.* Non.

*D.* Que de là, il se rendrait à la place de Bellecour avec les pièces de canon qui sont à l'Hôtel-de-Ville, et annoncerait sa prise par un coup de canon ou le son des cloches, pour qu'à ce signal les personnes instruites du mouvement, sortent et se rallient aux anciens Officiers de la Garde nationale, qu'ils devaient trouver à leurs postes respectifs ?

*R.* Il ne me dit rien de cela.

*D.* Que ledit Rosset devait ensuite s'emparer des Autorités ?

*R.* Non, il ne m'en a pas parlé ; il nous dit seulement, si le coup éclate, nous en voulons sur-tout au capitaine Perrotin ; à quoi Carmouche me dit : *ne nous mêlons pas de cela, c'est toujours les petits qui pâtissent pour les grands.*

*D.* Quels propos teniez-vous donc le 19 dans un café ?

*R.* Ce n'est pas ce jour-là, mais plusieurs jours auparavant; ces propos n'étaient pas criminels.

*D.* L'existence des propos que vous avez tenus n'est pas douteuse, et cela doit atténuer la force de vos dépositions dans vos rapports avec Simon; le géneral ne vous reprocha-t-il pas ces propos?

*R.* Je niai ces propos, parce que je ne les ai pas tenus. Il me demanda si j'avais connaissance d'un complot; je répondis négativement, parce que je ne faisais aucun cas des paroles du capitaine Simon?

*D.* Mais vous ne nous dites pas tout; quels propos avez-vous tenus dans un café avant que Simon vous ait appelé chez lui?

*R.* Je ne crois pas en avoir tenus; je n'ai parlé de bouleversement dans le Gouvernement qu'étant chez Simon.

*D.* Saviez-vous que le capitaine avait écrit à M. le général le 19 au matin?

*R.* Je l'ai su chez le général, le 19 au soir.

*D.* Avez-vous dit: en cette occasion je suis fidèle à mon souverain légitime, la preuve est que je n'ai pas accédé aux propositions du sieur Simon.

*R.* Oui.

*D.* M. le général connaissait-il Simon?

*R.* Oui, il était porté sur les contrôles.

*D.* C'est donc à cause de vous que Simon a été arrêté?

*R.* Oui.

*D.* Comment le fûtes-vous vous-même?

*R.* A deux heures, M. de Maringoné vint au quartier où il fit appeler plusieurs sergens, je me trouvai du nombre, et d'après mon signalement, je fus aussitôt arrêté, et conduit à sept heures chez le général.

*D.* Simon, à quelle heure avez-vous été arrêté?

*R.* De sept à sept et demi.

*D.* Roza, Simon a-t-il avoué?

*R.* Il a avoué le stilet.

*D.* Et le complot?

*R.* Je ne restai qu'un instant à cet interrogatoire, il était inquiet et déconcerté.

*D.* Vous a-t-il parlé de Lavalette?

*R.* Oui, comme participant au projet.

*D.* A-t-il nommé Lavalette chez M. de Maringoné?

*R.* Oui, et il a dit que ce dernier partait pour Paris.

*D.* Mais pourquoi aussitôt que vous avez vu des complices, ne pas avoir annoncé ce complot?

*R.* Je ne pouvais pas juger que M. Simon qui n'était

pas un homme de marque, pût être d'un semblable complot.

M. le Président fait ici remarquer, pour le justifier, que Simon est effrayé, et qu'il hésite en paraissant chez M. de Maringonet, ne pouvant s'expliquer à lui-même comment sa lettre n'avait pas eu le succès qu'il en attendait. (1)

M. le Président donne des ordres, et *le colonel Jacquemet* est introduit dans le parquet.

Il répond aux questions de forme; son pays est Collonge en Bugey, il cite ses services, déclare qu'il vînt à Saint-Junien après avoir été licencié à Montrézor.

*D.* Où Simon vous fit-il une première visite?

*R.* A Saint-Junien.

*D.* Etiez-vous liés ensemble?

*R.* Je n'ai jamais eu de liaisons avec lui.

*D.* Mais cependant nous savons que vous avez eu des rapports intimes avec Simon, et qu'il regrette au fond du cœur de vous compromettre dans ses déclarations?

*R.* Je n'ai pas connu intimément M. Simon.

*D.* N'avez-vous pas donné un dîné à l'époque du licenciement?

*R.* Oui; comme je n'avais qu'à me louer des attentions qu'avaient eu pour moi les personnes marquantes de St.-Junien, je donnai un dîné où M. le maire, M. le curé, des dames et des officiers assistèrent.

*D.* Y fut-il question d'affaires politiques?

*R.* En aucune manière.

*D.* Mais n'avez-vous pas connaissance qu'il fut donné un repas de corps par les colonels où beaucoup d'officiers furent invités, et que là il fut porté des toast au fils de l'usurpateur?

*R.* Je vous donne ma parole d'honneur que non.

*R.* Connaissez-vous le colonel Hurel?

*R.* Non.

*D.* Quand êtes-vous arrivé à Lyon?

*R.* Le 24 novembre 1815.

*D.* Est-ce sans des motifs particuliers que vous y êtes venu?

*R.* Je n'en avais aucun.

*D.* Dans une grande ville, quelqu'active que soit la police, il est plus facile d'échapper aux regards?

---

(1) Pendant son interrogatoire, Roza a répondu avec tranquillité et avec l'accent de la vérité : nous ne parlons pas des fautes de français qui lui sont échappées, dont quelques-unes ont paru très-plaisantes, . . . cela ne fait rien à l'affaire.

*R.* Je ne cherchais pas à me cacher.

*D.* N'avez-vous pas annoncé des changemens dans le gouvernement ?

*R.* Non.

*D.* N'avez-vous pas passé chez vous quelques mois malade de plusieurs blessures ?

*R.* Oui.

*D.* Par qui étiez-vous soigné à Lyon ?

*R.* A Lyon comme à Paris; à Paris, à l'hôtel Valois où j'étais logé, je fus atteint vivement d'un mal subit; l'hôtesse effrayée m'amena M. Montain, médecin de Lyon, alors à Paris, et qui logeait dans le même hôtel; nous nous sommes revus avec plaisir à Lyon.

*D.* Comment Rosset vous fut-il présenté ?

*R.* Par M. Montain; Rosset prit beaucoup d'intérêt à ma situation valétudinaire, et c'est pourquoi il continua à me visiter.

*D.* N'est-ce pas à dessein que Montain vous fit faire la connaissance de Rosset ?

*R.* Le sieur Rosset vint indifféremment, en qualité de voisin et de compatriote, comme ayant des propriétés et sa famille à Viry et à Collonge.

*D.* Comment se présenter ainsi sans être annoncé ?

*R.* J'ai dit qu'il l'avait été par mon médecin.

*D.* Puisque vous connaissiez Rosset, pourquoi dans vos premiers interrogatoires avoir nié vos rapports ?

*R.* J'ai dit ce que je devais dire sachant qu'il était arrêté, et ne voulant pas me compromettre.

*D.* Mais toujours vous avez nié cette connaissance, pourquoi ?

*R.* Je savais son arrestation et n'en connaissais pas la cause.

*D.* C'était se compromettre que de nier; si vos relations étaient innocentes, comme vous le dites, vous n'aviez aucun sujet de craindre.

Quelles visites vous fit Simon à l'hôtel du Parc ?

*R.* J'attachais si peu d'importance aux visites du sieur Simon, que je ne me rappelle pas nos conversations, elles roulaient sur la pluie et le beau temps.

*D.* Ne l'auriez-vous pas engagé à voir Rosset ?

*R.* Je ne le connaissais pas.

*D.* Vous le connaissiez, c'est par vous que la connaissance s'est faite entre ces deux hommes.

*R.* Il dira tout ce qu'il voudra, je ne lui ai jamais parlé de Rosset.

M. le

M. le Président lui rappelle tout ce que Simon a déclaré à son sujet.

*R.* Je nie ces faits, je ne pouvais pas dire ce qui m'était tout-à-fait inconnu.

*D.* Vous étiez dans l'intention de lever un bataillon à vos frais ?

*R.* Comment le pourrais-je ? après 24 ans d'absence je n'y suis presque plus connu de personne, je n'y ai plus de famille, et d'ailleurs il faudrait, pour en juger, se faire une idée de cette population.

*D.* Vous ne voyez donc personne à Collonge ?

*R.* Je n'y voyais que M. Bizot et quelques personnes estimables.

*D.* Rosset voyait-il Simon ?

*R.* Je ne sais pas.

*D.* Il doit vous en avoir parlé ?

*R.* Je ne crois pas.

*D.* Cependant cela était naturel ; comment ne vous pas parler d'un ex-capitaine de la garde qui se trouvait dans une situation semblable à la vôtre ?

*R.* M. Rosset ne m'a jamais parlé de cela.

*D.* Ne connaissiez-vous pas les parens de Rosset ?

*R.* J'en ai ouï parler.

*D.* Où cela ?

*R.* Dans le pays.

*D.* Mais y êtes-vous allé avant janvier ou depuis ?

*R.* J'y avais passé en avril 1815.

*D.* Vous ne le connaissiez donc pas alors ?

*R.* Non.

*D.* Mais Rosset dit que vous connaissiez un de ses parens ?

*R.* Non particulièrement.

*D.* Saviez-vous le sujet du voyage de Montain à Paris ?

*R.* J'étais dans le même hôtel, mais je ne me suis jamais occupé de connaître le motif de ce voyage.

*D.* Quand l'avez-vous donc connu ?

*R.* Dans le dernier voyage de Montain à Paris.

M. l'avocat-général : il y a des contradictions évidentes entre Jacquemet et Rosset ; ce dernier a dit avoir connu le colonel depuis long-temps.

Simon vous prête des discours propres à entretenir le mauvais esprit dans l'armée, et entr'autres, de semer des espérances de changement.

*R.* Tout ce que me prête Simon, à cet égard, est une calomnie atroce.

M. le Président : vous vous élevez à tort contre lui, il n'a parlé qu'avec une extrême répugnance, vaincu après de longs et pénibles interrogatoires. (1)

M. le Président : nous suspendons les débats jusqu'à 4 heures et demie pour 5 heures : emmenez les accusés.

( Il est 3 heures. )

*Séance du lundi soir.*

La reprise des débats a lieu à 5 heures.

M.e Journel, dans l'intérêt du colonel, a la parole et dit : deux reproches graves sont faits à mon client; le premier est de s'être trouvé à un repas où l'on aurait porté des toast au fils de l'usurpateur; le second, d'avoir cherché à entretenir un mauvais esprit parmi les officiers; il demande que M. le Président veuille bien admettre au nombre des témoins à décharge, deux officiers, MM. Théodore et Dorsa, qui sont dans la salle.

M. le Président : ces MM. seront entendus en vertu du pouvoir discrétionnaire qui nous est donné par la loi : faites entrer ces deux officiers dans la chambre des témoins; ils sortent de l'auditoire.

Le docteur Montain est introduit. Ne pouvant se faire entendre à cause de son extinction de voix, Montain invite son défenseur à rendre ses réponses à MM. les Jurés.

M.e Lombard vient s'asseoir à côté de son client, et répète à chaque fois, à voix haute, ce qu'il reçoit de la bouche de l'accusé.

M. le Président : vous étiez à Paris en avril ou mai 1815?

*R.* Oui.

*D.* Vous y êtes resté assez long-tems ; combien de tems?

*R.* du 5 avril au 13 ou 14 juin.

*D.* Pourquoi si long-temps?

*R.* Suspendu injustement de mes fonctions à l'Hôtel-Dieu, sans explications sur le motif de cette mesure, je reçus de mon frère le conseil d'aller à Paris.

*D.* N'était-ce pas pour solliciter votre réintégration?

*R.* Non, je n'en avois pas la moindre pensée.

*D.* Avez-vous vu à Paris le colonel Jacquemet?

*R.* Oui.

*D.* Comment pour la première fois?

*R.* Il éprouva un accident tres-grave pendant la nuit, il

---

(1) Le Colonel, pendant son interrogatoire, a répondu presque toujours avec brusquerie; il paraissait souffrant.

fut attaqué d'un violent crachement de sang; je fus assez heureux pour arrêter ce crachement de sang; je consultai, à cette occasion, avec un médecin de Paris, dont voici l'attestation.

*D.* Quel jour êtes-vous arrivé à Lyon ?

*R.* Le 15 ou le 16 juin.

*D.* Quand retournâtes-vous à Paris ?

*R.* le 14 juillet, que je fus envoyé par le Maire et le Préfet d'alors, comme député de la Garde nationale.

*D.* Quel était l'objet de cette députation ?

*R.* J'allais, au nom de la Garde nationale, et suivant le mandat que j'en avais reçu, prendre des instructions sur ce qu'il y avoit à faire; je repassai par l'armée de la Loire, j'y reçus une lettre qui annonçait la soumission de l'armée, je la portai au Duc d'Albufera; la lettre dont j'étais porteur contenant cette nouvelle, a été lue par le Préfet et par le Maire actuels.

*D.* Je suis étonné que vous ayez été envoyé à Paris pour un objet aussi minime que de savoir quelle conduite devait tenir la Garde nationale de Lyon; outre que la cause de ce voyage est sans intérêt, il y a des moyens si faciles de correspondance ! N'auriez-vous pas été chargé d'une commission autre que celle que vous dites ?

*R.* Si j'avais eu d'autres instructions, je les raconterais volontiers.

*D.* Cependant vous partiez le premier juillet, et déjà nous avions vu de grands événemens; d'autres se faisaient attendre; c'était bien, dans cette occasion, un besoin d'envoyer un homme aussi sûr et aussi utile à la cause expirante ?

*R.* Mes opinions n'ont jamais été exagérées; ce que l'on a dit à cet égard est une calomnie. J'ai été envoyé, le 30 juin, en qualité de chirurgien-major de la Garde nationale.

M. le Président : Ces faits sont étrangers à l'accusation, je désire qu'ils soient sans influence, ils n'ont été rappelés que pour faire apprécier l'accusation sur laquelle vous avez à vous expliquer.

*R.* On voulait me faire partir dans la Garde nationale active; j'ai mieux aimé me faire faire un habit de chirurgien-major.

*D.* Combien de temps, pour attendre cette nouvelle, êtes-vous resté à l'armée de la Loire ?

*R.* Un jour et demi.

*D.* Qui avez-vous vu à l'armée de la Loire ?

*R.* Le Général en chef.

*D.* Vous connaissiez le général Grouchy ?

*R.* Je n'étais pas à Lyon lorsque ce général y vint, je ne pouvais donc le connaître ; de là jusqu'à la fin de l'année, je ne suis pas sorti de Lyon, et j'ai vu des malades.

*D.* Le colonel Jacquemet étant à Lyon sans emploi, vous a-t-il vu ?

*R.* C'est moi qui le soignais.

*D.* Connaissez-vous Rosset ?

*R.* Il y a bien des années que je suis lié avec M. Rosset ; je connaissais son père, dont j'ai constamment reçu des marques d'amitié, en sa qualité d'administrateur des Hospices.

*D.* Comme ami et comme médecin, vous donniez des soins à M. Rosset ?

*R.* Je lui donnais des conseils, il n'était pas souvent malade.

*D.* Lui avez-vous donné, en décembre, des conseils comme médecin ?

*R.* Non.

*D.* Et en janvier, lui avez-vous donné des soins ?

*R.* Quelques conseils.

*D.* A cette époque, le colonel Jacquemet venait-il chez Rosset ?

*R.* Je ne me le rappelle pas, ma mémoire s'est altérée par les souffrances.

*D.* Où l'avez-vous vu ? à l'hôtel du Parc ou chez Gaspard ?

*R.* Chez lui.

*D.* De quoi vous entreteniez-vous ?

*R.* Je n'en ai pas conservé le souvenir.

*D.* Il paraît étrange d'avoir perdu la mémoire de ce que vous avez dit ; Rosset le voyait aussi ?

*R.* Rosset avait entendu parler du colonel, à qui j'avais donné des soins dans une maladie grave, il voulut le voir.

*D.* Mais ne connaissant pas auparavant le colonel, comment Rosset aurait-il su que vous aviez fait une cure sur sa personne ?

*R.* Rosset en a entendu parler par un de mes élèves, à son retour à Lyon ; il a voulu revoir l'homme si heureusement sauvé par l'application du moxa ; Rosset s'est trouvé connaître la parenté du colonel ; je n'ai mené qu'une seule fois Rosset chez le colonel.

*D.* Rosset l'a-t-il vu plusieurs fois ?

*R*. Je n'en sais rien.

*D*. Comment, lorsque Rosset fut arrêté avant qu'il sût si vous l'étiez, lui qui a des rapports d'intimité avec vous, a-t-il nié avoir reçu vos soins, et paru à peine vous connaître?

*R*. Cette demande s'adresse à M. Rosset.

*D*. Oui, mais ces liaisons avec vous n'étaient donc pas innocentes?

*R*. Je n'en ai jamais eu de criminelles avec personne, et toujours pour leur être utile.

*D*. Nous allons arriver au 14 ou 15 janvier, laissant tout ce qui a précédé ; vous aviez décidé avec Rosset d'aller voir la maison de campagne, quel jour arrêtâtes-vous d'y aller?

*R*. N'ayant pas cru avoir à rendre compte de cette circonstance, je ne l'ai pas retenue, c'était deux ou trois jours avant.

*D*. Si cela vous était demandé aujourd'hui pour la première fois, cet oubli se concevrait, mais vous fûtes interrogé le 20 janvier, il s'agissait d'une visite à la maison de campagne pour le 17 ; à ce moment, vous fîtes la même réponse, ce manque de mémoire est étonnant?

*R*. Il est vrai, j'ai été le 17 aux Massues, autrement aux Aqueducs.

*D*. Eh bien, combien de jours avant celui-ci formâtes-vous le projet de faire cette démarche?

*R*. Deux ou trois jours avant.

*D*. Quel but?

*R*. De visiter la maison, où je voulais établir une maison de santé.

*D*. Y êtes-vous allé seul?

*R*. Oui.

*D*. Qu'y avez-vous trouvé?

*R*. La grangère et des personnes que je ne connais pas.

*D*. Avez-vous trouvé quelqu'un en route?

*R*. Je n'y ai pas fait attention.

*D*. N'êtes-vous pas arrivé en même temps que quelqu'autre?

*R*. Avec deux personnes qui heurtaient.

*D*. Qui avez-vous trouvé dans la maison......... etc., etc., etc.?

*R*. Je ne m'en souviens pas, je suis allé pour visiter la maison, et non pour y voir les personnes. — Rosset n'y était pas lorsque j'arrivai. — Il ne vint qu'un peu plus tard, à-peu-près à 11 heures du matin. — Je suis sorti à midi, sans pouvoir préciser; ainsi je suis resté plus d'une heure dans la maison, M. Rosset s'y étant fait attendre.

*D.* Avec qui le sieur Rosset est-il arrivé?

*R.* Je ne sais pas s'il était avec quelqu'un.

*D.* Qui est-ce qui était dans l'appartement?

*R.* Je ne me le rappelle pas.

*D.* Vous êtes donc monté dans l'appartement?

*R.* Oui, et j'ai parcouru toute la maison.

*D.* Mais vous savez s'il y avait plusieurs personnes?

*R.* Je ne me rapelle pas le nombre de personnes.

*D.* Je dois vous répéter ce qui vous a été dit deux ou trois jours après l'événement, lors de votre premier interrogatoire; comment la mémoire vous a-t-elle manqué dans un temps si court?

*R.* Je ne fus interrogé que le 27 seulement; j'avais beaucoup souffert; placé dans une chambre sans air, fatigué, affaissé, je ne me suis plus souvenu de choses si indifférentes.

*D.* Mais enfin, voilà donc votre réponse, vous ne vous en souvenez pas?

*R.* Lorsqu'on s'intéresse aux personnes, la mémoire les rappelle, mais ici les lieux seuls m'occupaient.

Ici, une espèce d'altercation s'élève; l'accusé fait observer que de lui-même il s'est rendu chez M. le commissaire-général de Police, et qu'il n'y fut pas conduit après avoir été arrêté. — M. le Président explique qu'il y fut appelé pour une confrontation. — Ici le défenseur insiste sur cette circonstance. — L'avocat-général oppose le procès-verbal d'arrestation. — L'accusé se plaint de ce que le procès-verbal ne rend pas la vérité. — L'avocat-général cite de nouveau le procès-verbal, qui constate que l'accusé était couché chez les sieurs Dépouilly.—J'étais, s'explique l'accusé, chez M. Scherer, et je n'ai pas cru qu'on eût donné l'ordre de m'arrêter, je me rendais volontairement. — Toujours est-il, dit M. le Président, qu'arrêté ou appelé, l'accusé a été reconnu comme ayant été, dans cette matinée, aux Massues. —Accusé Montain, vous voyez devant vous l'accusé Simon, l'avez-vous vu aux Massues? il y était, vous y étiez, vous y êtes resté près de deux heures, et vous, vous dites une heure. Il est extraordinaire que vous n'ayez pas mémoire de ces détails, lorsque trois ou quatre jours après vous fûtes interrogé sur des choses pour vous d'un si haut intérêt.

*R.* Un médecin ne remplit pas sa tête d'objets inutiles, je ne me suis pas occupé de tout cela.

*D.* Médecin, homme instruit, par conséquent vous n'avez que plus d'habitude de réfléchir et un interêt si grand ne pouvait vous échapper.

*R.* 120 heures passées dans un endroit étroit et mal sain, la mémoire s'est affaiblie; d'ailleurs, je n'étais là que pour voir les dispositions locales.

*D.* Vous vous rappelez qu'on a parlé politique ?

*R.* J'ai oublié en quels termes, aussi bien que les personnes.

*D.* Arrivé à 10 heures et demie, reparti à midi et demi, ainsi vous êtes resté plus d'une heure ?

*R.* Pour aller aux Massues, il faut du temps, ce temps étant compris ainsi, je ne suis toujours resté qu'une heure.

*D.* Avez-vous trouvé un individu qui paraissait y avoir couché ?

*R.* Cela n'avait aucun rapport avec ma visite, j'ignore ce que vous me demandez.

*D.* Avez-vous remarqué si Rosset aurait demandé à une personne comment elle avait passé la nuit ?

*R.* Je ne me le rappelle pas.

*D.* Il y avait là un individu qui se chauffait et dictait à un autre ?

*R.* Je ne me rappelle rien de cela.

*D.* Cette personne vous invita, ainsi que les autres, à la laisser finir cette dictée.

*R.* Non, je m'étais promené avec d'autres personnes qui étaient là; je fis des questions à la grangère sur le produit; je me souviens de ce que je fais, non de ce que les autres ont fait.

*D.* Cela est indivisible.

*R.* Oui, mais par le défaut d'attention.

*D.* Il y eut une conversation commencée ?

*R.* Je ne me rappelle rien.

*D.* On vous accuse d'être d'un complot..... (Ici M. le Président le rappelle.)

*R.* Pour moi, tout ce narré est une fable.

*D.* Il y fut lu une proclamation, connue à Lyon par les aveux de Simon ?

*R.* Je n'en ai jamais eu connaissance, ni des changemens que l'on me suppose, cela m'est entièrement étranger.

*D.* MM., il est établi qu'une réunion a eu lieu; dans

cette réunion un homme, sous le nom du docteur, s'y est trouvé. Didier, Rosset, Simon, y étaient. — Didier, interrogé, a nié la réunion le 17 au matin, a avoué une réunion semblable le 17 au soir, a dit les mêmes choses qu'aux Massues, avec la différence qu'il a reversé sur Simon le titre de chef, au lieu de l'attribuer à Rosset. — Ainsi, si déjà le matériel de la réunion est établi, le but moral de cette réunion n'est pas moins prouvé par les aveux mêmes de Didier.

*R.* Je n'ai aucune connaissance de cette réunion.

M. le Président a occasion de reprendre la même idée. — Le matériel et le moral de la réunion bien connus. — L'existence de la réunion du matin et de la criminalité de cette réunion, sont établis.

L'accusé : comme je n'ai aucune part à une prétendue réunion criminelle, je ne crains aucune des conséquences.

M. L'avocat-général : vous êtes-vous chauffé ?

*R.* J'ai déjà répondu à cette question, que j'avais été invité par la grangère à me chauffer les pieds.

*D.* Combien de temps ?

*R.* N'y ayant pas fait attention, je ne me rappele pas. Il en est de même du nombre de personnes, de la conversation; ce que je sais, c'est d'être allé voir les appartemens après m'être chauffé les pieds.

Ici se terminent les questions adressées à l'accusé Montain et ses réponses.

L'accusé Lavalette est introduit de l'ordre de M. le Président.

L'accusé Lavalette répond aux questions, sur ses noms, âges, etc. né à *Argentière*, département de l'Oise ; il était capitaine aide-de-camp du général Drouot quand il quitta le service ; depuis il fut nommé receveur-général du département des Basses-Alpes. Il en remplissait encore les fonctions lorsqu'à la dernière invasion, en mars 1815, il a sauvé sa caisse ; il était à son poste au deuxième retour du Roi dans ses Etats. Depuis ayant été remplacé dans ses fonctions, il se retira à Grenoble.

*D.* N'y fûtes-vous pas mis en surveillance ?

*R.* Oui.

*D.* Par quel motif ?

*R.* On ne me le fit pas connaître.

*D.* Quel raison vous y retenait ?

*R.* Je préferais y rester pour liquider ma comptabilité.

*D.* Vous y avez vu Didier ?

*R.* Jamais.

*D.* Vous n'étiez ni dans les environs de Grenoble, ni dans la ville, lorsque Didier vint sous les murs de cette ville ?

*R.* Je ne l'avais vu depuis le mois d'août.

M. le Président fait observer aux jurés qu'il n'y a ici que des notions très-vagues.

*D.* Où étiez-vous en janvier ?

*R.* Madame Lavalette était à Paris, mes enfans à Grenoble, confiés à une jeune personne ; je partis de cette ville par la diligence, pour Lyon.

*D.* Il n'y en a pas qui vienne directement ni par correspondance ?

*R.* J'arrivai le 18 au matin.

*D.* Vous aviez eu des correspondances avec Didier, et l'on vous attendait à Lyon ?

*R.* Je n'ai jamais correspondu avec Didier, je ne pouvais être attendu à Lyon.

*D.* Comment le connaissiez-vous ?

*R.* La cause de cette connaissance venait de celle de son fils, qui avait été sous-préfet à Digne, j'avais été assez heureux pour lui prêter une légère somme, qu'il ne m'a pas encore rendue.

*D.* Qui avez-vous vu à Lyon le 18 ?

*R.* Je n'ai vu que M. Rosset, je n'ai fait visite à personne autre que lui.

*D.* Combien de fois l'avez-vous vu ?

*R.* Deux fois.

*D.* Où avez-vous dîné ?

*R.* J'ai dîné seul à l'hôtel de Provence.

*D* Où êtes-vous allé le soir ?

*R.* Quelqu'un est venu me chercher et je suis sorti ; une personne que j'ai connue dans mes bureaux et qui m'avait rencontré le matin, vint dans la soirée, elle m'invita à aller la passer dans une maison, j'y restai un quart d'heure ; ennuyé je me retirai chez moi.

M. le Président répète et précise cette réponse de l'accusé, laquelle a trait à la réunion du 18, chez l'accusé Simon.

*D.* Dites-nous si vous avez vu à cette assemblée, quelque personne connue à Lyon ?

*R.* Je ne me le rappelle pas.

*D.* Vous le saviez dans les premiers temps ?

*R.* J'y ai mis si peu d'importance ! M. Rosset pourra mieux vous dire cela....

M. le Président. Les renseignemens que je veux avoir

en ce moment, sont ceux que vous pouvez donner; dites-nous ce que vous savez?

*R.* Je ne sais rien.

*D.* Il n'est pas présumable qu'ayant été dans une maison, vous n'ayez pas remarqué quelqu'un qui vous soit connu dans cette ville, s'il y était en même temps que vous?

*R.* Je n'ai fait sur cela aucune remarque.

*D.* C'était une circonstance si frappante, qu'il ne fallait pas une grande attention.

*R.* Je ne me rappelle nullement de ceux qui étaient à cette réunion.

*D.* Ce défaut de mémoire est fort étonnant.

*R.* Le peu d'importance.... cela ne m'a pas frappé.

*D.* Le 30 janvier, voilà vos réponses :

« *Ce n'est pas M. Rosset qui m'a présenté, je l'y ai vu;*
» *la même personne qui m'avait emmené me reconduisit.* »

*R.* Aujourd'hui je ne puis que dire, je ne me rappelle pas si j'ai vu Rosset, seulement je me rappelle qu'une personne m'a conduit... etc....

*D.* Sur quels sujets la conversation a-t-elle roulé?

*R.* Je ne me rappelle pas, *elle fut trop insignifiante.*

*D.* Il est bien difficile que vous fassiez croire à une pareille version, à une pareille fable : quel était le nom de cette personne avec laquelle vous êtes sorti le soir?

*R.* Je n'ai pas cru devoir lui demander son nom.

*D.* Depuis combien de temps connaissez-vous Rosset?

*R.* Depuis dix ans.

*D.* L'avez-vous revu le 18?

*R.* Oui, le soir.

*D.* Combien y avait-il de personne dans cette maison?

*R.* Sept à huit.

*D.* Comment étaient-elles vêtues?

*R.* Vêtues ordinairement.

*D.* Vous-même, comment l'étiez-vous?

*R.* En habit ou en redingotte.

*D.* En redingotte, de quelle couleur? n'était-elle pas garnie de fourrures?

*R.* J'ai beaucoup de redingottes.

*D.* Mais vous n'en avez peut-être pas plusieurs garnies en fourrures?

*R.* J'en ai une.

*D.* L'aviez-vous ce jour-là?

*R.* Je ne sais si je l'avais ce jour-là.

*D.* Voyez si vous pouvez nous dire que le sieur Rosset y fût?

*R.* Cela ne m'est pas resté à la mémoire.

*D.* Vous avez parlé d'une proclamation rédigée par vous?

*R.* Il n'a pu en être question.

*D.* Il est bien étonnant que la circonstance relative à cette proclamation vous soit échappée?

*R.* Je la nie absolument.

M. le Président : Simon arrêté le 20, a confessé qu'un homme en tout signalé comme vous, était venu dans une maison; on ne peut s'y méprendre, le portrait est si ressemblant, que vous avez été arrêté sur ce signalement. Il a expliqué comment vous êtes venu et où vous êtes venu, c'était dans l'appartement de Simon; vous niez donc que l'on se soit occupé d'un projet relatif au gouvernement?

*R.* Je n'ai jamais entendu parler de choses semblables.

*D.* Vous niez avoir demandé si la proclamation était bien faite, et que vous en aviez une toute prête à proposer?

*R.* Je le nie.

On le ramène toujours sur les différentes circonstances de cette soirée; il se renferme dans une absolue dénégation.

*D.* En sortant, où êtes-vous allé?

*R.* Chez moi.

*D.* A quelle heure Rosset est-il revenu vous voir?

*R.* A huit à neuf heures : nous sommes allés à la Guillotière, chez le sieur Didier, j'y allais pour lui parler de cet argent que j'avais été assez heureux de lui prêter, et le prier de le compter à Grenoble chez mes enfans.

*D.* Vous ne l'avez pas vu dans un autre moment de la journée?

*R.* Je n'avais pu le voir dans la journée, j'étais souffrant.

*D.* Vous n'avez vu que le sieur Rosset durant le jour?

*R.* Je n'ai vu d'autres personnes.

*D.* Vous aviez vu Didier; comment êtes-vous venu à Lyon, étant en surveillance à Grenoble?

Il ne répond rien.

On lui oppose l'interrogatoire de Didier. — *Le fait est faux.*

*R.* Il explique comment M. le Préfet de Grenoble lui avait donné un passeport, et quelles démarches il avait faites le 18 tout le jour pour se mettre en route pour Paris.

*D.* Regardez Simon, le reconnaissez-vous?

*R.* Non, je ne le reconnais pas.

*D.* Comment reconnaissez-vous le Commissaire de police qui vous apporte un passeport?

*R.* Je l'avais vu seul.

*D*. Vous avez déchiré des papiers?

*R*. C'était une lettre à l'Institutrice de mes enfans.

M. le Président: Simon! vous persistez dans tous les faits relatifs à Montain et Lavalette?

*R*. J'y persiste.

M. le Président résume ceux relatifs à Lavalette, — ils sont avérés.

L'accusé dit: je ne connais pas Simon, je nie tous ces faits. (1)

L'Avocat-général à Simon.

A quelle heure sortirent-ils de chez vous, le 18 au soir?

*R*. A huit heures un quart, environ.

M.e Menou remet sur le bureau, après l'avoir lue, une espèce de lettre-de-change tirée par Didier sur Lavalette, lors à Paris.

M. le Président: faites entrer Rosset, il entre — et dit:

M. le Président, mon interrogatoire devant le Juge d'instruction a duré plusieurs heures, celui-ci peut être fort long, je vous prie d'autoriser mes domestiques à pouvoir se retirer; ils habitent ma maison des Aqueducs, elle est isolée, il est tard (8 heures et demie du soir.)

Cette faculté leur est accordée, ils ont ordre de se représenter le lendemain à 8 heures et demie du matin.

Vos noms, etc. — Il répond suivant la loi.

*D*. Quand êtes-vous revenu de Paris?

*R*. Dans les premiers jours de septembre.

*D*. A quelle époque êtes vous parti?

*R*. En avril 1815. Je voulais faire rectifier une pièce de comptabilité, relative à une maison que je tiens des hospices, et d'ailleurs j'avais dessein de transporter mon établissement à Paris.

*D*. Avez-vous vu Didier pendant l'interrègne?

*R*. Ayant été absent de Lyon pendant les 100 jours que j'ai passés à Paris, quoiqu'on m'eût nommé adjudant-major de la garde nationale, je n'ai pas vu M. Didier à Paris.

*D*. Mais il y était.

*R*. Je ne l'y ai pas rencontré; vous savez ce que c'est que Paris, je vais vous en donner un exemple: je logeais dans un hôtel où était aussi logé un ex-magistrat de cette ville, (M. Maret) il y est resté six semaines sans que je sache que nous étions si près voisins.

---

(1) Lavalette qui était vêtu avec élégance, a répondu toujours avec décence; mais avec la retenue d'un homme qui paraît vouloir cacher la vérité.

*D.* Quand avez-vous revu Rosset ?

*R.* Je l'ai revu, pour la première fois, lorsqu'il m'écrivit de St.-Laurent-de-Mure.

*D.* Vous l'avez vu à Grenoble, vers la même époque ?

*R.* Oui.

*D.* Et à Lyon, avant le 15 ou le 16 janvier ?

*R.* C'est la vérité.

*D.* Depuis quand le connaissez-vous ?

*R.* Depuis 1808, — et à une occasion qui sera toujours présente à ma pensée, puisqu'elle me rappelle la mort de mon père.... (il dit ces mots avec une expression profonde, et des larmes coulent de ses yeux), j'eus un procès difficile que M. Didier me fit gagner.

Il raconte que Didier, dans ces derniers temps, lui écrivit à cause du mauvais état de ses affaires, se trouvant sous la main de ses créanciers, et ayant besoin des conseils d'un ami et d'un négociant.

*D.* D'où avez-vous connu le colonel Jacquemet ?

*R.* Il y a très-long-temps, il était du pays de mes parens.

( Il raconte l'anecdote de la cure faite par Montain, à Paris.) Quand je l'ai revu, ajoute-t-il, il avait près de lui des officiers, et M. Montain qui le pensait.

*D.* Depuis quand voyez-vous ce docteur ?

*R.* Je l'ai toujours vu dès l'enfance ; c'est une liaison ou plutôt une connaissance si ancienne, que je ne puis assigner de date au commencement de notre intimité.

*D.* Comment se fait-il que d'abord vous ayez répondu ne le connaître que superficiellement ?

*R.* Il faut distinguer ; j'ai répondu ainsi devant M. le Lieutenant-général de police, oui je l'ai dit ainsi 3 jours après mon arrestation, j'aurais renié mon père, de peur de lui attirer le même malheur qui m'était arrivé. — Innocent j'étais compromis, je ne voulais pas que mon ami le fût. — A la police je ne dois pas ce que je dois à la justice.

*D.* N'est-ce pas plutôt que vous avez craint de reconnaître le fait en lui-même ?

*R.* Non, c'est par les motifs que j'ai dit.

*D.* Depuis quand connaissez-vous le capitaine Simon ?

*R.* Il n'y a pas long-temps, Monsieur ; sa première visite remonte du 12 au 20 décembre.

*D.* Comment eut-elle lieu ?

*R.* Il est venu dans mon magasin, il en a emporté et y a rapporté des rouleaux de papiers peints ; il me parla de son appartement, de son épouse, qui est une des demoiselles Bordeaux; j'ai connu son père.... —

*D.* Pourquoi y êtes vous allé ?

*R.* Par curiosité j'ai été voir l'appartement, et c'est ce que je fais souvent par mon état.

*D.* Ne serait-ce pas plutôt par le colonel Jacquemet que vous l'avez connu? — votre opinion lui était connue.

*R.* M. le colonel ne peut pas dire que j'aie divulgué mon opinion, et peut-être aujourd'hui n'est-il pas un homme qui la connaisse bien. ( On rit dans toutes les parties de la salle. )

*D.* Et ainsi, ce n'est pas Jacquemet qui vous a fait connaître Simon ?

*R.* Non.

*D.* Ainsi, en allant à Grenoble, du 9 au 10 janvier, vous n'alliez pas pour vous concerter avec Didier.....?

*R.* C'est une imposture qu'on ne peut prouver.

M. le Président le presse vivement, il persiste à crier à l'imposture et à la calomnie.

*D.* Vous êtes allé chez Simon du 10 au 12 janvier, ne trouvant que la femme...: *dites à votre mari que c'est M. Rosset.*

*R.* Je ne peux m'être exprimé ainsi, elle me connaissait bien; je lui aurais dit, sans me nommer, dites *que je suis venu.*

*D.* Saviez-vous que Didier venait en janvier à Lyon?

*R.* Je ne le savais pas.

*D.* Vous vous êtes vu ?

*R.* Lorsqu'il m'eut envoyé dire son arrivée.

*D.* Où a-t-il couché ?

*R.* J'ai su qu'il avait couché dans la maison Creuzet.

*D.* Où l'avez-vous vus ?

*R.* Je ne l'ai vu que chez M. Nan ou au Café.

*D.* Est-il venu dans la ville?

*R.* Je ne crois pas qu'il ait mis le pied dans Lyon.

*D.* A-t-il couché, le 16 au soir, chez vous ?

*R.* Il n'y a pas couché.

*D.* On a cependant porté un lit à votre maison de campagne ?

*R.* On n'y a porté que des draps.

*D.* Avez-vous été aux Aqueducs?

*R.* Oui, avec mon domestique et un individu recommandé.

*D.* Cet individu est Didier, tout dans l'instruction le désigne.

R. Ce n'était pas M. Didier.

M. le Président, après avoir résumé les faits qu'offre à cet égard l'acte d'accusation, dit : outre Simon, ce fait est attesté par vos gens qui ont fait son lit ; dites-nous quel était cet étranger ?

R. Un homme d'importance qui fuyait, qui gagnait la Suisse.

D. Nommez-nous-le ?

R. Par délicatesse, je ne puis le nommer.

D. Mais il est de votre intérêt de le nommer ; je vous y invite d'autant plus que depuis plusieurs mois, il s'est trop éloigné pour que votre révélation puisse lui nuire.

R. J'ai fait cette réflexion, il devait passer en Amérique, je n'ai pas de certitude qu'il y soit encore, je ne puis le révéler.

D. Vous le pouvez ; quand même il ne serait pas arrivé à sa destination, il est trop éloigné d'ici ?

R. L'indication que je donnerais ferait mettre sur ses traces ; d'ailleurs, de le nommer est inutile pour ma défense.

D. Sous quel nom de baptême se fesait-il nommer ?

R. Il portait son nom. Au surplus, MM., ( avec beaucoup de chaleur ), si c'eût été M. Didier, pourquoi l'aurais-je caché ? qui est-ce dans ma maison qui ne l'aurait reçu avec empressement ? ma femme, mes enfans savent combien de titres il a à notre inviolable attachement et à notre reconnaissance pour les services qu'il a rendus à toute la famille ! . . . .

D. Oui, mais si Didier était à Lyon pour réaliser des complots, vous vouliez en faire mystère ?

R. Dans ce cas il eût été mieux caché à Lyon.

M. le Président le remet ici sur toutes les circonstances du 17, aux Massues.

R. Tous ces faits sont absolument faux . . . . il n'y a de vrai que la visite de M. Montain, pour voir la maison. — Il donne ici quelques explications qui ne sont qu'une répétition des dénégations précédentes ; on en peut induire qu'outre l'étranger qu'il ne veut pas nommer, un des deux individus personnages mystérieux, qu'indique l'acte d'accusation, aurait été, s'il faut en croire l'accusé, un clerc de notaire ; mais il s'obstine à taire son nom, par les mêmes raisons qu'il fait un secret inviolable du nom de l'étranger de marque à qui il avait donné l'hospitalité.

D. Dans un premier interrogatoire, vous avez tenu ce

langage : « pendant le séjour de cet étranger chez moi, » j'ai su que quelques personnes sont venues visiter ma » maison — *non, je n'y étais pas.* » Pourquoi nier être venu dans votre maison ?

*R.* Je ne devais pas la vérité à la police.

*D.* Vous convenez donc maintenant que le 17 au matin, vous êtes allé à votre maison de campagne ?

*R.* Oui, Monsieur.

*D.* Y êtes-vous allé avec M. Simon ?

*R.* Quel besoin ?

*D.* Quel est le projet de proclamation qui fut présenté par l'étranger ?

*R.* Ce n'est pas M. Didier qui est venu chez moi, je sais qu'il a déposé ne pas y être venu, il sera aussi croyable que M. Simon.

*D.* Il est constant qu'une réunion a eu lieu ; Didier en convient, mais il la place chez Simon.

*R.* Qu'importait à M. Didier de déplacer les lieux ; j'étais toujours compromis.

M. le Président répète la déposition de Didier, elle est positive sur l'existence du projet ; à la vérité, il se dit étranger au complot, mais il ajoute que l'ayant appris il s'en est réjoui.

*R.* Il ne peut l'avoir dit.

*D.* Il l'a dit dans la confrontation avec l'accusé Simon, il place les faits de la réunion du 17 dans celle qui aurait eu lieu chez Simon, dans la soirée du 17.

L'Avocat-général cite le passage de la confrontation.

Rosset s'élève contre ce passage ; il soutient qu'il est le fruit de l'erreur. — Didier était trop homme d'honneur, trop délicat pour avoir dit cela. ( Rire universel. )

On lit la réponse de Didier, c'est lui qui parle : *Cette séance a eu lieu rue de l'Enfant-qui-pisse, chez M. Simon ou chez son Beau-frère*, M. Jacot.

M. le Président : Simon prétend, etc. et entr'autres qu'aux mots *Rois* et *sujets*, on substitua ceux de *maîtres* et de *serfs.*

*R.* Simon le déclara ainsi, — Didier le nie.

M. le Président répète ce qu'il a dit plus haut.

M. l'Avocat-général cite la confrontation, on y lit ce qui suit :

M. le Prévôt à Didier.

*D. Qui vous a conduit chez* Simon ?

*R. C'est Rosset.*

*D. Dans quel but ?*

*R. De*

*R. De faire sa connaissance.*

*D. C'était bien plutôt dans un but politique ?*

*R. Je n'ai pu en douter.*

*D. De quoi s'est-on occupé ?*

*R. Des moyens de s'emparer de Lyon.*

*D. Par qui fûtes-vous présenté ?*

*R. Par M. Rosset, sous le nom d'Auguste.*

Après cette lecture, qui produit de l'effet sur l'auditoire, Rosset répond : Didier ne dit pas que j'y étais ; d'ailleurs il paraît vraisemblable que Didier s'est trompé ; M. Simon n'était pas pour moi d'une grande considération.

Ici un débat s'engage pour savoir si cette réponse de Didier est dans son interrogatoire ou dans la confrontation, il paraît que *c'est dans la confrontation.*

*D.* M. le Président : quel jour et à quelle heure êtes-vous sorti des Massues ?

*R.* Mercredi à une heure.

*D.* Où étiez-vous le soir ?

*R.* Au cabinet littéraire, aux Célestins, où j'allais habituellement.

Rosset : qu'a répondu M. Simon ? lequel est plus croyable de M. Simon ou de M. Didier ?

Les défenseurs adressent une question à Simon : Rosset a-t-il présenté Didier chez lui ?

*R.* C'est faux.

M. le Président, s'il y a eu réunion, c'est le 17, et cette réunion est criminelle.

*D.* Avez-vous vu, le 18, le capitaine Simon ?

*R.* Je ne le crois pas ; je ne l'ai vu que cinq ou six jours avant mon arrestation, non sur les 2 heures, à cette heure là je suis toujours chez moi, à cause que c'est le moment de la sortie de mes ouvriers.

*D.* Quel jour avez-vous vu le sieur Lavalette ?

*R.* Le 18 au matin ou dans la journée ; je dis à M.me Rosset, en parlant de Lavalette : voilà un échappé que je te présente, il ne m'avait pas été annoncé.

On lui retrace ce qui se fit le 18 au soir.

Rosset : voilà ce que j'ai appris par M. le Juge d'instruction ; mais j'ai répondu : voilà une fable assez bien ourdie, mais heureusement improbable.

*D.* Mais ce que Lavalette a confessé sur cette visite ?

*R.* Je le nie.

*D.* Comment peut-il se trouver un pareil accord entre Simon et Lavalette ?

*R.* Je ne le conçois pas.

M. le Président : tout-à-l'heure je vais produire ces preuves, et il en résultera la réunion du 18, telle que Simon l'a déclarée ; voyez Simon, à qui vous prêtez injustement des motifs qui ne sont pas conformes à sa conduite ; comment se trouve-t-il d'accord avec Lavalette ?

*D.* Qu'avez-vous fait, le 18, après 8 heures ?

*R.* Rentré chez moi, je suis allé chez M. Lavalette, nous sommes allez chez Didier à la Guillotière ; il était sur le pas de la porte, nous sommes restés avec lui peu de temps ; nous ne l'avons revu depuis ce moment.

*D.* Vous l'aimiez, il avait couché chez vous, comment ne pas l'interroger sur ce qu'il allait faire ?

*R.* Je n'aime pas à interroger ni à être interrogé.

*D.* Avez-vous demandé à un négociant des armes à acheter ?

*R.* Non ; n'ayant pas d'argent dans le moment, je n'aurais pas demandé 50 à 60 fusils.

*D.* C'était pour armer vos ouvriers ?

*R.* Comment aurais-je eu cette pensée, puisque je les empêchais même d'ouvrir la bouche pour parler politique ?

M. l'Avocat-général reprend les points qui établissent la présence de l'étranger le 17 aux Massues.

*R.* Il n'a pu qu'être entrevu, il était seul.

*D.* Mais votre secret pourrait être compromis en recevant plusieurs personnes dans votre maison ?

*R.* Quel intérêt avaient-ils à nuire à cet étranger ?

*D.* Mais ils pouvaient abuser....

*R.* Cela fut si vrai, *qu'un billet de la police m'annonça...* Il partit.

*D.* Vous êtes obligé de convenir, qu'y compris l'étranger, vous étiez six dans la réunion du 17 aux Massues.

On le ramène ensuite sur l'assemblée du 18, qui avait été préparée par la visite chez Simon, avant deux heures.

Il est établi qu'il alla voir Didier en sortant de chez Simon ; il explique cette visite comme Lavalette.

S'il a fait devant la police des dénégations au sujet de ses intimités avec M. Montain, il s'en excuse ; on les rapproche de ce qu'il a dit devant le Juge d'instruction, et il ajoute : si on n'eût pas déclaré M. Montain, jamais je ne l'eusse été ; c'est ce qui vous prouve que d'après ce que j'ai souffert, je préférerais nier mon père, que de l'exposer à un sort tel que le mien.

M. l'Avocat-général demande que les pièces à conviction lui soit représentées. L'accusé donne ses explications à mesure :

Une adresse.... — Elle n'est pas criminelle.

Un portrait du roi de Rome. — Il n'est pas de loi qui prohibe un portrait.

Une gravure représentant le général Grouchy. — C'était permis.

Un écrit finissant par ces mots : *par les Bourbons*. — Qu'y a-t-il là de criminel ?

Un autre où on lit ces mots : *nous apprenons l'entrée de l'Empereur*. — Quand cet écrit parut-il ?

Une autre relative à une place de Maire, où il est dit : *M. Bollot ne peut rester maire, son opinion est trop prononcée.*

M. le Président : pourquoi avoir fait rebellion aux agens de la force publique ? c'est se rendre criminel que de ne pas s'empresser d'obéir à l'Autorité.

*R.* Je dormais dans mon premier sommeil, je ne crois pas que le Roi permette que ce soit en son nom qu'on viole la loi. (1)

*D.* Pourquoi, les portes ouvertes, avez-vous refusé de vous rendre ?

*R.* Ils n'avaient pas de mandat d'arrêt, l'ordre n'est venu qu'une heure et demie après. — Il discute avec beaucoup de chaleur et de fougue les droits du citoyen dans son domicile ; et rappelant les temps désastreux de nos fastes révolutionnaires : *si on eût généralement montré le même courage que j'ai opposé, combien de victimes épargnées !*

L'Avocat-général : vous niez d'avoir été l'agent de l'indépendance nationale ?

*R.* Il aurait fallu que le fait existât ; ce n'est pas une question à faire.

*D.* Vous persistez à nier ?...

M. le Président fait un bref résumé de ce qui fait la matière d'accusation pour chacun, Rosset, Montain et Lavalette, en conspirant contre le trône et fomentant la guerre civile entre les citoyens.

Jacquemet, en réunissant Rosset et Simon.

Roza, en ne révélant pas assez tôt.

Il est près d'onze heures, la séance est suspendue.

---

(1) On pourrait observer ici qu'on n'a point de loi à observer envers ceux qui veulent les détruire en renversant l'ordre social ; d'ailleurs, on se saisit d'un conspirateur par-tout où on le trouve.

*Séance du mardi matin.*

La séance est ouverte à neuf heures et demie.

M. le Président. Simon, vous avez entendu les débats entre vous et tous les accusés, les dénégations presque complettes des accusés. Persistez-vous à dire que plusieurs jours avant le 17, il vous fut fait des ouvertures relatives à des projets de révolte contre l'autorité légitime, dans Lyon et ses environs, et dans plusieurs parties de la France ?

*R.* Je persiste.

*D.* Je n'ai pas besoin de vous rappeler l'importance de vos révélations, avec quel scrupule vous devez parler. Vous devez à la Patrie, à l'honneur, vous devez au Roi la vérité, la vérité seule.

Le 17 janvier sur les neuf heures vous étiez au lit, Rosset vient, vous conduit aux Massues ; il y était arrivé un homme important : viennent vos révélations de tout ce qui est relatif à cette réunion, vous y persistez ?

*R.* J'y persiste.

*D.* Vous avez vu un homme qui prenait le nom d'Auguste, dont le signalement ressemble à Didier ; cet homme avec qui vous avez été confronté, et qui se trouve être Didier, a annoncé dans cette assemblée que dans plusieurs départemens de la France il existait un foyer de conspiration.... et on pouvait regarder l'explosion comme prochaine. Didier a tout révélé à l'assemblée, composée de six personnes ; il a dit s'être assuré de plusieurs correspondans, chefs de l'indépendance nationale dans plusieurs départemens ; et c'est Rosset qui s'est offert pour tenir à Lyon ce rôle de correspondant en chef ; vous y persistez ?

*R.* Oui.

*D.* Alors Rosset a pris la parole pour exposer ses moyens, ses projets, pour l'éclat prochain à Lyon ?

*R.* Oui.

*D.* Quel était le jour choisi ?

*R.* Du 20 au 21, si tout était préparé pour l'exécution.

*D.* Que manquait-il encore ?

*R.* S'assurer de ceux qui devaient concourir à l'exécution, soit pour commander, soit pour composer les troupes d'hommes armés.

*D.* Mais, ce que Rosset annonça...

*R.* Il renouvelle l'explication, et ce développement donné par Rosset, et qu'on attendait seulement des lettres de Didier, c'est l'arrivée précipitée de Didier, qui aurait aussi précipité le jour.

*D.* Persistez-vous dans vos dires touchant la proclamation qui devait être imprimée et affichée pendant la nuit du coup de main, afin que le peuple la lise au réveil ?

*R.* Oui.

*D.* Persistez-vous à nous dire que Montain fit substituer les mots *maîtres* et *serfs*, aux mots de *rois* et *sujets* ?

*R.* Oui.

*D.* Comment le docteur a-t-il été désigné ?

*R.* Par son signalement ; plusieurs m'ont été montrés, celui-là seul a été reconnu de moi.

*D.* L'accusé Montain ne vous voyait donc pas ?

*R.* Non.

*D.* Votre femme était chez elle le 17 quand Rosset y vint ?

*R.* Oui.

*D.* Vous, Rosset, vous persistez à nier ce fait, que le 17 au matin, etc.

*R.* Je persiste à nier.

( *Ici une scène s'engage.* )

Rosset demande la permission d'adresser des questions à Simon.

Le Président : oui, si c'est dans votre intérêt.

Rosset : ( d'une voix menaçante, ) *regardez-moi*, Simon ! regardez-moi.... — ( Simon sans détourner la tête. ) — Je n'ai pas besoin de vous regarder, je vous connais bien. — Rosset reprend : *bien long-temps avant votre délation, n'avait-il pas été fait des promesses de place et d'argent pour vous, à votre femme et à votre belle-sœur, Madame Jacot ?*

Simon renouvelle le récit de ce qui s'est passé chez le Général ; là on lui dit : *si vous nous dites la vérité*, il ne vous *arrivera rien ;* que ni M. le Général ni M. de Senneville qui s'y trouva, auraient fait des propositions contre sa délicatesse et son honneur.

Rosset reprend : long-temps avant les évènemens, M. le lieutenant de police, qui connaissait ces Dames, ne leur avait-il pas fait des promesses pour vous ?.....

M. le Président l'interrompt : quand ce serait vrai, ce que j'ai beaucoup de raison de ne pas croire, pouvez-vous penser que M. le lieutenant de police ait poussé Simon à révéler des calomnies ? On peut promettre à un agent de la police, mais Simon était entièrement inconnu aux Autorités. — Voulez-vous que j'envoie chercher Madame Simon ? — mais alors la loi veut que vous y consentiez tous.

Rosset : je vais continuer mes questions à Simon, et j'y réfléchirai. — Il fait quelques questions assez vagues. — ( M. le Président, ) qu'importent ces faits ? (*Puis il les interpelle.* )

Rosset ? avec hésitation, eh bien, oui, j'y consens.

Lavalette ? je ne la connais pas.

Jacquemet ? cela m'est indifférent.

Montain ? même réponse.

Roza ? je le veux bien.

M.e Lombard : je suis chargé, par les conseils, de faire une observation contre cette audition ; pourquoi faire entendre une femme qui ne peut, sans déshonorer son mari, dire la vérité ?..... La femme placée entre son devoir de femme et de l'honneur.... quel sentiment l'emportera ? Ici, si elle démentait son mari, dans quelle situation serait-elle placée ?.....

M. le Président : hé bien, n'en parlons plus.

Une voix : si Roza nous dit qu'elle a assez de caractère.....

M.e Guerre : de sorte que si Roza vous dit : *ne la faites pas venir*, c'est qu'il la connaît comme incapable de démentir son mari ; si au contraire....

M. le Président : je n'y attache aucune importance...

M.e Guerre ; vous ne pouvez rien en conclure...... ou elle sera obéissante... ou d'une vertu bien éclatante. Quelles que puissent être ses déclarations, elles ne peuvent qu'augmenter votre perplexité...... mais il faut bien plutôt s'arrêter à cette contradiction choquante ; là il dit que Rosset vint lui parler le 18, à 10 heures, là à 2 heures....

M. le Président : on refuse Madame Simon, je n'y pense plus.

M. l'Avocat-général : il faut rappeler la loi, les défenseurs n'ont pas le droit de s'opposer au consentement donné par les accusés. — Je conclus à ce que, sans avoir égard à ces oppositions, la Dame Simon puisse être appelée ; mais nous nous en rapportons à la sagesse de M. le Président, qui seul a le pouvoir de la faire venir.

Quant à la contradiction sur les heures, ce n'est peut-être pas le seule différence dans les déclarations, mais elles ne portent pas sur le fond : dans la masse de tant de faits, une erreur est bien possible.

M.e Menou ; la loi, MM.....

M. le Président : c'est entendu.... Suivons !

Simon ... vous persistez ? — Oui.

Et vous, Lavalette,..... à nier? — Oui.

Et vous, Jacquemet,..... le fait qui vous concerne? — Je le nie.

Faites entrer le premier témoin. — Mais auparavant, peut-être ce serait le temps d'annoncer des pièces importantes au procès; par exemple, le 20 janvier, Simon annonça que Didier avait dit avoir reçu des lettres de recommandation de Guillet pour la Lozère; elles s'adressaient à des personnes bien connues..... etc., etc........ Didier les nie; mais Guillet interrogé en convient. Didier arrêté, interrogé sur ses rapports avec Lyon, n'est pas satisfaisant; mais Duserre, chez qui il a passé une partie du temps qui s'est écoulé entre décembre et janvier, dit, à ce qu'il paraît, car nous n'avons pas de pièce authentique, mais une seule copie recueillie par Simon, adressée par lui à M. le Lieutenant de police; nous avons fait nos efforts pour obtenir l'original, ils ont été jusqu'à présent inutils; Duserre dit que Didier lui avait annoncé le moment de l'action, pour du 15 au 25 janvier; et Didier, dans son interrogatoire, avoue avoir su à Lyon que la conspiration devait y éclater, et qu'il s'en réjouissait.

(M. le président aperçoit, dans la foule M. le Prévôt; un huissier va l'inviter à prendre place sur les bancs destinés aux personnes marquantes.)

Le sieur Bonand, entendu le premier en témoignage, est un des chefs d'atelier de l'accusé Rosset; il dépose, en substance, qu'il a été chargé par Madame Rosset, de porter le 16 janvier, à la campagne, un paquet; son maître y arriva avec un Monsieur qui y coucha la nuit du 16 au 17; le sieur Rosset parla de voleur à son ouvrier, et lui dit de coucher; n'ayant pas prévenu sa femme, il se leva dès quatre heures du matin, et revint à la ville. — Ce n'est pas le témoin qui a fait le lit; — il n'a vu qu'imparfaitement l'étranger, ne sait ni son nom ni l'habit qu'il avait, s'il etait un homme gros et grand. — Le témoin fut arrêté avec le sieur Rosset; mais on le rendit aussitôt à la liberté. — Les autres détails qu'il donne sont peu intéressans; — le sieur Rosset ne contredit en rien ce témoignage.

La femme Girard, jardinière de Rosset, second témoin, est remarquable par son ton qui paraît ingénu et craintif; elle confirme le précédent quant au coucher de l'étranger; c'est elle qui a fait son lit avec M. Rosset. — Le lendemain au jour, 3 ou 4 Messieurs sont venus pour voir la maison, elle les a menés; M. Rosset n'était pas avec eux, il est venu après. — Ils étaient d'abord quatre, l'étranger fait cinq, et M. fait le sixième. — Peut-être se serait-elle trompée sur le nombre dans ses premiers interrogatoires, mais elle dit *la vérité;* elle a, dit-elle, *la mémoire bien présente.* — Le soir M. Rosset lui recommanda de ne pas dire qu'il y avait un étranger dans la maison. — A de la peine à se rappeler sa personne;.... un homme *dans les* 60 *ans*, des sourcils *sur le gris*, un habit *gros vert foncé;* il était nuit quand il repartit le 17 au soir. — Il ne s'est pas promené dans la journée. — Elle n'a nulle connaissance qu'après qu'il a été sorti, il soit venu un homme à cheval, ni à la maison ni dans le voisinage. — Les cinq personnes arrivées le matin, ont laissé l'étranger seul, et sont toutes parties. — On lui lit le signalement : *taille élevée, — les sourcils élevés, — bien marqués :* — *ILS ETAIENT GRIS*, ajoute-t-elle, — Elle ne lui a presque pas parlé. — Elle a racommodé son habit. — Ne l'a pas entendu nommer.

On lui montre ensuite plusieurs des accusés; elle ne reconnaît ni Montain ni Simon; elle dit n'y avoir pris garde.

Il s'engage une espèce d'altercation entre les accusés, le témoin et M. le Président, sur la manière d'arriver; Montain et Rosset veulent être venus chacun tout seul. — Il s'agit d'établir sur-tout que Rosset est venu avec Simon; la femme Girard, soit qu'elle craigne son maître, soit que la mémoire lui manque, ne peut pas bien établir si ce jour là elle a ouvert à son maître, ou s'il est entré avec sa clé. M. le président dit à plusieurs reprises aux témoins : *femme Girard, je sais que vous avez de l'honneur....... vous voyez la confiance que je mets dans vos déclarations......* En résumé, M. le président fait observer qu'on n'a ouvert la porte que deux fois, une pour Montain, une pour Rosset, et que puisque les autres, les inconnus et Simon y étaient aussi, il fallait bien que quelques-uns fussent arrivés ensemble.

On entend le 3.ᵉ témoin, le jardinier Girard.

Sa déposition ne change ni n'augmente celle de sa femme.

C'est à 10 heures et demie du soir, 16, que l'on amene l'étranger qui a couché. — C'est le lendemain, entre 10 et 11, que 3 ou 4 Messieurs viennent voir la maison. — Ce n'est pas lui qui a ouvert. — Avec l'étranger et M... ils étaient 6 en tout. — Il dit qu'on vient toutes les semaines voir la maison. — Dans une nouvelle discussion qui s'engage entre les accusés sur la manière d'arriver, il se dit plusieurs choses, deux sont plus remarquables ; — la femme Girard aurait long-temps refusé de répondre, et ce n'aurait été qu'en pleurant qu'elle aurait appris ce qu'elle savait. — Simon déclare qu'arrivant avec Rosset, celui-ci avait ouvert avec sa clé. M.e Guerre en infère une contradiction de ce qu'ailleurs Simon aurait dit que Rosset avait sonné.

On fait entrer le sieur Michel Dorel, maire de la Mure, 4.e témoin.

Il dépose des faits relatifs à l'entrevue de Didier et de Rosset. Cette déposition qui constate cette entrevue, n'offre rien de saillant. — L'accusé Rosset interrompt le témoin au milieu de sa déposition, pour lui rappeler quelques circonstances ; il lui fait une peinture du local : — *il y avait un fauteuil qui se démonte.* (*Il est assez dans mon habitude de tout examiner.*) *Voyant l'accueil que me fit M. Didier*, continue l'accusé, *vous dites alors : eh bien, MM., je me retire* . . . . etc., etc. . . . *ces détails, MM. les Jurés, vous paraîtront minutieux, j'ai la mémoire locale, ce que j'ai vu, je ne l'oublie pas, il n'en est pas de même de ce que j'ai entendu, cela s'envole.* — (1)

Un 5.e témoin, Michel Creuzet, domicilié à la Guillotière, dépose que Didier vint lui demander un lit, le lundi 15 janvier, et que le mardi il découcha. (*Cette déposition est bien remarquable.*)

*D.* Qu'a-t-il fait le mardi ?

*R.* Je ne sais.

*D.* Pourquoi ne descendait-il pas à l'auberge pour y prendre son logement ?

*R.* M. Didier, avocat, en outre, actionnaire des Marais de Bourgoin, dont je fais partie, fut reçu à ces différens titres chez moi ; le mardi, 16, on crut qu'il s'en allait, et on lui souhaita bon voyage. Quand il revint le mercredi soir . . . . *comment, vous voilà !* . . . oui, j'ai manqué la diligence, j'attends une occasion.

*D.* Chez qui est-il descendu à la Guillotière ? . . . Connaissez-vous Nan ?

*R.* Oui, c'est une auberge de Rouliers.

*D.* Pourquoi chez vous a-t-il trouvé un asile ? . . .

M.e Guerre explique que Didier n'avait pas de passeport.

(Le témoin.) Didier ne nous dit aucune raison, il revint le mercredi au soir, — il était encore jour.

---

(1) Rosset demande au témoin, comment il sait qu'il se nomme Rosset. R. *Parbleu, on a bien assez parlé de vous.*

M. le Président : je m'adresse à MM. les Jurés et aux Avocats; voilà qui prouve contre le dire de Didier, que la réunion du 17 au soir, *est sans vérité.*

( Le témoin. ) Le jeudi, il nous dit adieu, comme partant pour Grenoble.

Le soir, à 8 heures environ, il était avec deux amis, dont un décoré; ils sont entrés ensemble.

*D.* Reconnaîtriez-vous ces deux individus ?

*R.* Je ne le crois pas. — (Il ne reconnaît pas Lavalette.)

*D.* Et celui-ci ? ( On lui désigne Rosset. )

*R.* Je ne suis pas sûr.

*D.* A quelle heure est-il parti ?

*R.* Il n'a pas couché, il allait et venait à chaque voiture qui passait.

*D.* A-t-il demandé à la domestique à le conduire par les chemins détournés ?

*R.* Je ne puis l'attester, je suis sûr qu'il est parti dans la nuit.

Le témoin dépose que Didier avait un habit marron, et un par-dessus gris.

M. l'Avocat-général fait observer que ces renseigemens concordent parfaitement avec ce qu'a dit Simon.

La femme Creuset, 6.e témoin, dépose sur Didier, sans pouvoir se rappeler quel jour précis c'était du mois, que le lundi il couche, le mardi est absent, le mercredi revenu de bonne heure, à la tombée de la nuit, il a couché ; le jeudi il n'a pas couché, il s'en est allé, elle ne sait pas à quelle heure, le soir ou la nuit ; elle était alors couchée.

M.e Guerre demande à fixer l'instant du retour de Didier, après avoir découché. —

Il était presque nuit, non close.

La fille domestique des mariés Creuzet, 7.e témoin, dépose d'une manière absolument conforme aux deux qui précèdent; elle précise le moment de son départ, le 18, c'était à 11 heures et demie. — Elle ne reconnaît pas ni Rosset ni Lavalette, comme étant les deux personnes qui sont venus visiter Didier ou plutôt l'accompagner le jeudi soir.

8.e Témoin, le sieur Ligonnet, notaire à St.-Laurent-de-Mure, il dépose qu'il était absent de chez lui, quand Didier vint chez le sieur Dorel, il demandait un homme pour porter une lettre à Lyon ; le témoin a su depuis que c'était pour Rosset. —

Le reste est à-peu-près insignifiant.

Le 9.e témoin, Jacques Bouvier, maître de poste à Bourgoin, dépose des mêmes faits que le 4.e témoin.

Il en est de même du 10.e témoin, Jean Montagnon.

On proclame l'absence de trois témoins, qui sont les sieurs Cormeau et Perrotin, capitaines, et le sergent-major Carmouche.

Un 11.e témoin est entendu, c'est Jacques Gore, domestique du capitaine Perrotin; ce fut lui qui de la part de la D.me Simon, alla avertir Roza; il reconnaît cet accusé.

On en est au 12.e témoin, c'est le sieur Gabet qui tient l'hôtel de Provence à Lyon; sa déposition, qui n'intéresse que l'accusé Lavalette, constate que celui-ci, arrivé le 18 janvier, en est parti le 20, à 3 heures du matin, et que des démarches très-empressées ont été faites pour lui fournir les moyens de partir pour Paris.

Viennent ici les agens de police qui ont été employés pour l'arrestation du sieur Rosset.

Le premier de ces agens, — 13.e témoin, est le sieur Couturier, il fait un tableau animé de cet événement.

D'abord les personnes de l'intérieur de la maison refusèrent long-temps d'ouvrir, malgré l'ordre qui leur en fut donné par les commissaires de police Arnaud, Brirot et Giraud; après bien des pourparlers, on ouvrit; les agens s'emparent de toutes les armes à feu qui pouvaient exister dans la maison de Rosset; on l'atteint, il était presque nu, un seul manteau le couvrait; il paraît enfin décidé à se soumettre, il obtient de passer dans sa chambre à coucher pour prendre ses vêtemens; comme il ne revenait pas, on pénètre, il avait disparu; on poursuit les recherches, il est trouvé bloti dans un coin de la maison, l'ordre écrit qu'il avait exigé lui est intimé; — il refuse d'obéir.

Le témoin l'exhortait de son mieux.... M. Rosset, rendez-vous de bonne grâce, vous prendrez une voiture..... La douceur ne gagne rien, on parle de le faire enlever par des gendarmes. — Le témoin renouvelle ses exhortations. — A ce moment, Rosset les menace tous de l'explosion d'une machine infernale inventée par les Anglais, qui allait porter le ravage et la mort sur tous les assistans.... Le voyant ainsi déterminé, dit le déposant, *je me jette sur lui, au hasard de périr;* .... je veux me saisir de la bouteille fatale qu'il tenait; au moment où il lève le bras comme pour frapper, elle se casse, et l'huile de vitriol dont cette bouteille était remplie, me tombe sur la figure et sur mon habit. Savarin, mon collègue, qui l'avait assailli de l'autre côté, est comme moi victime de son zèle ; M. Rosset lui-même se voit inondé d'huile de vitriol ; chacun éprouve au même moment les effets de ce corrosif puissant, et l'on n'entend qu'un cri.... *je brûle*, *de l'eau*, *de l'eau* (on rit)... la garde nationale vient à notre secours, il nous sont prodigués soit à nous soit à M. Rosset. —

On prépare force eau de mauve ; je bassinais M. Rosset, il me bassinait, nous nous bassinions tous. (On rit encore.)

M. Rosset, après cet accident, *n'est plus*, dit le témoin, *un homme fameux ;* il implore l'assistance de tout le monde ; — le témoin était lui-même dans un pitoyable état ; la liqueur tombée sur ses habits les avait réduits comme de l'amadou, et ayant traversé jusqu'à la peau, lui fesait à tout moment de nouvelles blessures ; il obtint enfin la permission de se retirer pour se faire panser.

( Ici on déploye les débris des habits brûlés par le vitriol, cette vue excite l'indignation. )

L'accusé ne récrimine aucunement contre cette déposition ; il renouvelle l'excuse qu'il croit pouvoir tirer de la loi qui rend le domicile d'un citoyen inviolable, et il ajoute qu'il n'a qu'à se louer de la manière obligeante dont les agens de police se sont conduits envers lui.

( Pendant toute cette déposition un peu longue, et qui paraissait impatienter M. le Président, l'accusé Rosset a ri. )

Le nommé Savarin, autre agent de police, (14.e témoin) dépose des mêmes faits ; voici ce qu'il y a de remarquable dans cette déposition :

.... Nous allions saisir le sieur Rosset, lorsqu'il saute et soudain disparaît à nos yeux ; .... nous le cherchons long-temps, enfin nous le retrouvons dans la poussière d'un petit cabinet.....

M. le Président, (*précipitant le récit trop languissant du témoin.*)

Vous avez été blessé — vous l'avez arrêté — .... c'est assez : huissier, faites entrer M. le Baron de Maringoné.

15.e Témoin. M. le Général Vionet de Maringoné, prête son serment à la forme de la loi.

M. le Président : M. le Baron, connaissez-vous les accusés ?

M. le Général : je ne connais que le capitaine Simon, Roza et le colonel Jacquemet.

*D.* Depuis quand ?

*R.* Non pas avant le 19 janvier.

*D.* Voulez-vous bien nous dire ce qui s'est passé, à votre connaissance, avant cette époque du 19 janvier et sur-tout dans cette soirée ?

*R.* Le 17, je reçois une lettre anonyme d'un officier à demi-solde, qui tendait à me déterminer soit à déjouer un complot, soit à quitter Lyon ; je crus devoir la communiquer à M. le Gouverneur.

Le 18 au matin, sur un nouvel avis qui me fut donné par un autre officier, je plaçai des agens dans différens endroits ; celui qui se trouvait chez une D.me Blanc, qui tient une buvette place des Célestins, vint me rapporter quelques propos entre un Sergent de la légion et un Tambour-major, qui annonçaient que Mouton-Duvernet n'était pas loin, et qu'il allait éclater quelque mouvement, et ce pour le 20 ou le 21. Aussitôt d'après mes ordres, M. de Laurencin fait assembler officiers et sous-officiers ; je ne reconnais pas d'abord le signalement du Sergent qui m'avait été désigné, à un second appel que je fis faire, je reconnus Roza et me le fis amener par un aide-de-camp.

Je le menace, il s'excuse, et dit : *je vais vous dire tout. . . . .*

« A Marseille étant prison, une femme d'officier à la
» suite de Bonaparte y était retenue, j'eus occasion de
» savoir qu'elle était de Lyon, et le nom de sa famille ;
» me trouvant dans cette ville avec la légion du Rhône,
» dont je fais partie, je lui rendis une première visite,
» puis son mari me fit appeler. » . . . ( Ici Roza aurait rapporté à M. le Général tout ce que l'on sait de cette seconde visite. )

Je donne, continue M. le Général, des ordres pour faire venir le capitaine Simon . . . . Presqu'en même-temps je retrouvai la lettre qu'il m'avait écrite le matin et dont l'objet était évidemment d'empêcher que le complot eût son effet ; en développant la trame il donna d'autres indications ; dans l'interrogatoire qu'il subit en ma présence, il fit des déclarations importantes, comparées avec celles qu'on obtint de la D.me Simon, elles furent reconnues vraies ; il ne put, dans ces révélations, se dispenser de désigner M. Rosset et de faire connaître que le signal devait se donner par un coup de canon et par le son des cloches. Là finit tout ce que M. le Général a su de ce complot ; dès la nuit du 19 au 20, il dut cesser de s'en occuper, puisque M. de Senneville, qui se trouvait chez lui à l'arrivée de Simon, en resta saisi, et qu'il a suivi seul cette affaire dans toutes ses ramifications.

*D*. Aviez-vous eu quelques données sur Simon avant ces événemens ?

*R*. Avant cette époque j'eus occasion de le voir une fois à une visite que me firent les officiers; sur une morale que j'appliquai aux circonstances, Simon offrit quelques moyens d'excuses.

*D*. Votre police auxiliaire vous fournit-elle quelques renseignemens ?

*R*. Aucuns sur le capitaine Simon.

*D*. Avez-vous su depuis qu'il fût signalé à vos agens secrets ?

*R*. Non.

*D*. Quelle attitude avait-il le 19 au soir, fut-il en effet interdit lorsqu'il vit Roza appelé avant lui ?

*R*. Il me parut inquiet, incertain ; je le fis passer et le reçus seul dans ma chambre; il se trouva plus rassuré.

La D.me Simon, la belle-sœur de Simon furent appellées ; — enfin Simon est interrogé pour la seconde fois, et c'est alors qu'il s'explique avec confiance.

*D*. Simon accusa-t-il le colonel Jacquemet dans les premiers momens ?

*R*. Non ; mais du sieur Rosset, d'un docteur dont il ne savait pas le nom, et d'un autre auquel il donnait le nom d'Auguste.

*D*. Parla-t-il alors de l'accusé Lavalette ?

*R*. Je crois que c'est lui qui devait partir le lendemain par la diligence.

*D*. A quelle heure pensez-vous, Monsieur le Baron, que la lettre de Simon vous fut rendue ?

*R*. A 5 heures du soir, il l'avait écrite dès le matin.

*D*. Est-ce lui qui vous avait envoyé la première lettre sous l'anonyme ?

*R*. Je ne l'ai pas cru ; j'en recevais un très-grand nombre, sans avoir remarqué les écritures auxquelles je fesais peu d'attention.

*D*. A-t-on eu de la peine à obtenir des aveux de Simon ?

*R*. Il n'avait qu'un but, c'était d'arrêter l'effet du complot sans désigner personne, mais M. le Lieutenant de police lui dit : *ou vous êtes un fourbe, ou un menteur, avec des faits vagues on ne vous croira pas !*

*D*. Simon prétend n'avoir pas usé d'un poignard lors de son entrevue avec Roza ?

R. C'est Roza qui racontait que M. Simon le conduisit dans une arrière-boutique et que là une bourse dans une main, un poignard dans l'autre, il lui parla d'un changement prochain; mais je ne me rappelle pas que le capitaine Simon ait dit cette particularité du poignard, ni de la bourse!

(*Les défenseurs interpellés par M. le Président, ne font aucune observation à cette importante déposition.*)

M. le Général ajoute : dans la journée du 18, une vingtaine d'officiers à la demi-solde se présentèrent comme ayant à me donner des notions importantes : cela me fit croire à des *réalités*.

*D.* Depuis avez-vous eu plus de certitude ?

*R.* Plusieurs de ces officiers m'en ont donné; il y en a un parmi eux, qu'on ne peut nommer à cause des services qu'il a rendus et de la promesse qu'on lui a faite à cet égard, qui m'a donné connaissance d'un fait assez important que voici : un officier, connu pour être pauvre, lui proposait au café de lui payer quelques tasses de café et des liqueurs, — et sur l'observation que le premier lui fit de sa prodigalité, celui-ci dit à l'autre : *nous avons reçu de l'argent, — si tu veux, je t'en ferai donner, viens demain, je t'indiquerai la personne.*

L'officier confident m'ayant consulté sur ce qu'il avait à faire.... je lui répondis : allez-y .... Un sieur Roza (1) agent d'affaires, lui fut désigné comme étant le trésorier de la conspiration; il y alla, mais il ne le trouva plus, il était parti un instant auparavant. Depuis je n'ai plus eu d'autres renseignemens que ceux de Grenoble. ( M. le Général prend place au parquet. )

16.e Témoin, Michaud, troisième agent de police, dépose comme les deux autres; il était le porteur de l'ordre après lequel on attendait, le sieur Rosset les menaçait de la machine infernale..... M. le Président (*l'interrompant*) : *la fiole fut cassée par accident*..... allez-vous asseoir.

Rosset veut faire des observations auxquelles on n'a pas fait beaucoup d'attention; elles sont relatives à des faits totalement étrangers, et dont nous n'avons même pas bien saisi l'à-propos.

( La foule des spectateurs s'était beaucoup accrue à l'arrivée de M. le Général; un nombre d'officiers de la Garde royale s'y trouvant, M. le Président, qui les voit debout, leur offre de prendre des places sur les rangs. )

(1) Ce n'est pas celui impliqué au procès.

*Témoins à décharge.*

Pour l'accusé Rosset; les nommés Neker, teneur de livres; Charles Descloche, imprimeur d'indienne, ci-devant contre-maître chez le sieur Rosset; Claude Jantet, dessinateur; Claude Dugaret, employé au magasin; Boursier, ouvrier chez le sieur Rosset; Louis Jacquet, commis chez le même et faisant, lors du voyage à St-Laurent-de-Mure, les fonctions de domestique, déposent tous que le sieur Rosset chassait de devant sa porte la population qui vociferait le nom de l'usurpateur; qu'il avait dans la fabrique fait défense expresse de parler d'affaires politiques. En particulier, le premier dit que le sieur Rosset se réjouissait *de la défaite de Buonaparte à Moscow:* les derniers donnent des détails sur le voyage et le séjour à St-Laurent-de-Mure; ils n'apprennent que ce que l'on sait déjà.

Pour l'accusé Montain; plusieurs personnes, dont un certain nombre de médecins, et dont nous avons retenu en partie les noms; savoir : MM. Repiquet, Sessi, Jouanon, Balme, Gilibert et Jambon médecins; M. Bouchacourt et M. Duclos, attestent unanimement que M. Montain a eu constamment le projet d'élever une maison de santé, et qu'il leur a dit à tous qu'il en était allé voir une aux Massues pour cet objet.

Pour le colonel Jacquemet; deux officiers, MM. Pierrot et Dorsa, tous deux à la demi-solde; un militaire et Creuzet rendent témoignage au bon esprit professé par le colonel, dans les circonstances les plus difficiles.

M.e Journel veut en induire que le fait des toast est controuvé. (*murmures dans les auditeurs.*)

Le Capitaine Cormeau, qui avait désiré être dispensé de paraître, est entendu comme 17.e témoin à charge; sa déposition confirme tout ce qu'on a vu.

Simon lui demandait : *sais-tu quelque chose!*

Le témoin lui répondait : *je ne suis pas le maître.....* — *Je voudrais qu'il ne fût pas si tard, j'irais chez le Général....*

Cet entretien eut lieu vers la place de la Fromagerie; le témoin ajoute : *je ne fis pas de question à ce propos;* je vous assure que ce fût là son discours.

L'Avocat-général au témoin : des négocians de cette ville, vous ont-ils fait des propositions et des offres d'argent?

*R.* Personne ne m'a fait de ces offres, j'ai sollicité de l'emploi.

D. Que savez-vous de la conspiration ?

R. *Le bruit de conspiration allait par les rues...... j'ignore si on avait des desseins sur moi.*

Le témoin dit encore : on parlait de moi à M. Rosset, pour qu'il me plaçât dans son établissement ; il répondit : *étant fédéré, je ne pourrais l'employer sans lui nuire.*

De vives altercations s'engagent sur le fait de l'argent distribué aux officiers à la demi-solde, pour les engager dans le parti des conspirateurs, c'est M. l'avocat-général qui les provoque....... le témoin ne *cherche pas à détruire ce fait* ; — il confirme celui des toast. — Simon se défend de l'avoir imputé à Jacquemet en particulier. — *Nous verrons*, disent les défenseurs ! —

M. le Président, en vertu du pouvoir discrétionnaire, fait entendre le sieur César Jordan, sur les armes dont le sieur Rosset est soupçonné d'avoir fait acquisition, ainsi que sur quelques démarches suspectes et sur ses relations avec Didier. — Le témoin hésite, — paraît péniblement affecté et combattu ; — il ne sait rien d'important, assure-t-il, il n'a rien appris que par le bruit public.

L'audition des témoins est terminée, et l'audience suspendue à 3 heures.

*Séance du mardi, à 5 heures du soir.*

M. l'Avocat-général prend la parole *à-peu-près en ces termes :*

Les premiers jugemens que vous avez rendus ne se rapportaient qu'à des crimes particuliers........

La cause qui vous est soumise aujourd'hui rappellera des crimes politiques où l'on voit la folie s'allier à l'amour-propre...... Impassibles comme la loi, vous laisserez de côté l'opinion pour ne juger que d'après votre conscience........

Quand on voit six individus de pays et d'état différens........ comment se sont-ils réunis? quels étaient ces conciliabules et ces correspondances suivies ?

Est-ce des étrangers qui ont voulu bouleverser la Patrie ? c'était des Français obcurs !......

Ont-ils espéré atteindre la hauteur de la gloire ? ils ne sont parvenus qu'à celle de la honte !.....

Une longue expérience a dessillé les yeux des Français ; les malheurs d'une seconde usurpation.....

Est-ce pendant l'absence du Roi légitime, qu'ils ont ourdi leurs trames..... ? Non, c'est lorsque la France est sortie de là révolution, quand le calme renaissait, que la France avait son Roi !

Animés par la vengeance, ils voulaient la guerre civile et étrangère, lorsque le Roi peut seul sauver la France......

La faiblesse de leurs moyens inspire le mépris......
Il est des hommes qui ne vivent que de révolution.....

L'intérêt, l'ambition des places pour sortir de leur obscurité et se couvrir de leur humiliation ; enfin, ceux qui n'ont rien à perdre et veulent tout gagner.......

Les flots des passions agitées...... viennent se briser au pied du Trône....... etc.

*Il est difficile de suivre l'orateur dans les conceptions élevées où il va marcher, pour faire sentir à quels grands intérêts se rattache cette cause !..... Comment pouvoir rendre de mémoire le dévelopement qu'il a su faire avec autant de force que de vérité, des grands principes de religion et de la vraie sagesse qui lient les sujets au Monarque légitime !....... Après ces grandes considérations générales, qui remplissent son éloquent exorde, il aborde l'accusation, et pour la justifier, il démontre, dans la première partie, l'existence de la conspiration. Dans la seconde partie, la part que chacun des accusés y a prise.*

*Suivant, à cet égard, le système et la marche de l'accusation, il démontre l'existence de la conspiration par le narré des faits qui ont précédé et accompagné, ou plutôt, qui constituent cette conspiration ; il en confirme l'existence, par le rapprochement lumineux des déclarations de Simon et même de Didier, et par leur coïncidence avec les évènemens qui ont eu lieu à Lyon, quoique dans l'ombre, et qui ont éclaté sous les murs de Grenoble.*

*Nous essayons de suivre l'orateur dans ses développemens, et donner, autant que possible, quelques-unes de ses pensées.....*

Au mois de janvier ils voulaient attaquer l'Etat, replonger la France dans le désordre au moment d'une amnistie de réconciliation, lorsque le Roi ne voulait voir que des enfans, concorder tous les liens..... Voyez, MM. les Jurés, et jugez.

Loin de nous d'exciter l'indignation contre les accusés ; ne voyez pas le sang répandu dans nos murs ; le désordre inséparable d'une nouvelle secousse....

Des six accusés il n'en est point qui n'ait trempé dans le complot, deux seulement méritent des exceptions ; ce sera le sujet d'un examen particulier.

Les autres ne marchent pas sur la même ligne. Le complot formé à Lyon a eu dans son origine des ramifications étendues sur différens points de la France. Mais tout est avorté.

Sur la Loire, l'esprit des soldats était exaspéré ainsi que les chefs ; les repas donnés, les légions qu'on a voulu corrompre, les correspondances à établir, la lettre de Hurel et d'autres lettres mytérieuses.....

La France devenue la proie des étrangers était perdue. (*L'orateur parle des conférences des ministres destitués, se mettant à la tête des conspirateurs.*)

Les fils des conspirations étaient tenus à Paris. Carnot et Fouché étaient les chefs, et voulaient créer des directeurs de l'indépendance nationale ; de-là sortaient les proclamations de Belgrade, etc....

*Dissertation sur Paul Didier depuis son origine, que l'on crut un serviteur de la monarchie, qui reçut des bienfaits du Roi, sa conduite dans l'interrègne.*

Il partit de Paris, parcourant plusieurs départemens pour former un vaste complot, dont Lyon devait être la première victime, et vint échouer sous les murs de Grenoble..... Les courses continuelles de Didier, les moyens mystérieux qu'il prenait..... On suivait sa trace, il se dérobait à tous les regards...... Les liaisons de Didier avec Rosset, homme entreprenant et ardent.... Leur entrevue à St-Jean-de-la-Mure...... Ces entrevues n'avaient pas pour but des choses indifférentes.

Le colonel Jacquemet, dévoué à Bonaparte, fut remercié ; il vint à Lyon, il se ménagea une entrevue avec Rosset par l'entremise de Montain qui le traitait.

Ils s'entendirent entre Simon et Rosset.... Leur entrevue chez Rosset aux Massues.

Jacquemet s'était ménagé les officiers du premier régiment ; on avait cherché à corrompre la légion.

Rosset avait des hommes sûrs à la Guillotière.

Arrivée de Didier dans ce faubourg. Il couche ensuite chez Rosset. *Fameuse délibération.*

On va chercher Simon pour le présenter à Didier.

*Détail sur ce qui fut fait et dit. Ceci est un long résumé de l'acte d'accusation et des débats sur ce qu'ont fait les divers accusés.*

Après ces faits, M. l'avocat-général parle de l'inquiétude sourde qui régnait en janvier, les craintes des amis du Roi dans un moment où on allait dans les temples pour le service funèbre de Louis XVI.

Il parle des lettres de Cormeau ou de Simon, qui déjouent la conspiration.

Simon est arrêté, il donne de faibles éclaircissemens.

Histoire de Rosset qui fait résistance....

Pendant un combat de quatre heures, Rosset voulait sans doute attendre ses nombreux ouvriers.

Lavalette arrêté à Rouane; Montain arrêté, ainsi que Roza, pour des propos criminels; Roza raconte tout au Général.

Jacquemet n'a été arrêté que quelques mois après à Collonges.

On découvre qu'Auguste n'est que Didier. Montain est reconnu pour le docteur.

Confession générale de Simon.

D'autres personnes furent arrêtées; mais on n'a pu recueillir que des indices.

Un rapport de la conspiration a été adressé au Ministre et au Roi, qui a ordonné la mise en jugement.

Il raconte l'évènement de Grenoble, et en tire des conséquences.

Le concours des autorités et du soldat étouffe la révolte; il parle de la mort de Didier, qui révèle des faits sur l'affaire de Lyon.

Simon est confronté avec Didier.

Vous avez, MM. les Jurés, suivi les faits de cette cause; faites triompher la vérité. Il est douloureux, MM., de voir dans les accusés des concitoyens, dont les pères furent les défenseurs de la patrie; *mais les fils ont répudié cette noble partie de leurs héritages.* Détournez vos regards de leur familles éplorées; je n'attends ni votre justice ni votre indulgence.

Annalyse de ce que doit faire un Juré.

Annalyse de ce qui est complot ou attentat. Il distingue dans ces deux cas ce qui est relatif aux accusés.

Il parle de la proclamation de Didier, il ne la regarde pas comme une pensée fugitive.

Une entreprise qui échoue, n'en est pas moins une résolution.

Il dit que Didier désignait Simon comme un chef du complot; leurs aveux à tous deux prouvent qu'il y a eu complot.

Le criminel travaille dans les ténèbres, et se cache dans l'ombre: quand il croit être mystérieux, il est découvert, etc.

Un des conjurés a frémi du danger; il a tout dévoilé d'abord avec ménagement. Il a sauvé du sang à la patrie par ses remords, etc.

Grenoble et Didier jettent un grand jour sur cette affaire. *Rendons d'éternelles actions de graces à la divine providence qui a sauvé notre Patrie.*

L'ensemble des déclarations de Simon disent tout: il montre de la franchise et de la vérité. L'envie de nuire n'a pas dirigé sa plume, etc. Quel était son intérêt pour inventer une calomnie? il aurait été connu tôt ou tard. Ses signalemens se sont trouvés justes. *Il a montré une délicatesse que nos lois condamnent plus que nos mœurs; le nom de Jacquemet est sorti péniblement de sa bouche.*

L'Avocat-général résume encore les poursuites dirigées contre les accusés.... Simon se rappelle bien les phrases de la proclamation.

La main de l'homme n'a rien fait sur les révélations de Simon; il tient le même langage dans tous ses interrogatoires; c'est la confession de Simon qui doit être le type unique de la découverte de la conspiration.

L'Avocat-général veut lire des articles de la confession. Les Avocats, par l'organe de Me. Guerre, s'y opposent, en s'appuyant de la loi.

L'Avocat-général ne croit pas que l'interprétation soit juste.

Le Président rappelle les paroles du capitaine Simon.

L'Avocat-général continue sa discussion.

Me. Lombard prend le code, et veut y trouver de nouveaux prétextes d'entraver la discussion.

Me. Menou est du même avis.

L'Avocat-général reprend et requiert la lecture d'après les dispositions même du code, et trouve que d'empêcher la lecture ce serait empêcher à la vérité de se dévoiler.

La cour délibère: *les Avocats sont déboutés.*

La pièce est lue par le Président.

L'Avocat-général reprend son rapport, et rappelle comment Rosset et Simon furent en relation, et démontre que le projet date de loin ; beaucoup de moyens étaient à la disposition des conjurés ; l'incendie devait commencer à Lyon et s'étendre plus loin ; les chasseurs des Pyrénées semblaient déjouer leur projet : la même ardeur fermentait dans leur tête pour une révolution On ne peut mettre en question qu'il y ait eu un complot, quand tout était prêt pour l'exécution ; les Autorités dont on s'empare, le canon tiré, les bons citoyens comprimés : tout cela était clair.

Les variations de Simon ne portent que sur des choses vagues.

L'affaire se fonde sur des faits trop importans, pour qu'on puisse balancer à se convaincre.

Nous ne suivrons pas les défenseurs dans les routes où ils ont annoncé l'intention de se jeter, ces divagations ne formeront pas, MM. les Jurés, votre conviction.

Cette conspiration ne peut être pour vous un doute, vous qui habitez Lyon ; tout le monde savait qu'il se préparait, dans l'ombre, un complot qui portait la joie dans l'ame des mauvais Français ; on ignorait seulement les details ; Cormeau *l'a affirmé*.

Le général Maringoné était prévenu par des lettres anonymes ; on s'assurait de la conduite des officiers dont la ville était remplie ; ceux autorisés à rester à Lyon, furent plus surveillés.

Jacquemet, sous le prétexte de rendre des comptes, restait à Lyon avec ses officiers, malgré qu'on pressât leur départ.

Ce complot n'était point illusoire ; on connaît des lettres mystérieuses, un sieur Arthaud en recevait ; les malheureux royalistes faisaient de même dans l'intérègne.

M.e Guerre élève ici un nouvel incident sur la production de ces lettres.

M. l'Avocat-général se fonde sur ce qu'elles font partie des pièces inventoriées au procès, et sur ce que la loi n'a aucun article prohibitif..... *Allons plus loin*, dit encore ce Magistrat, *en supposant une nullité, elle ne peut arrêter la marche des débats...... c'est un motif de pourvoi qu'on se réserve......*

La Cour délibère, et arrête que, par le motif proposé, les pièces seront lues.

Les defenseurs sont avertis que tous leurs moyens leur demeurant réservés, s'ils avaient à s'opposer à d'autres lectures, telles que celle de la confrontation et autres, il en sera fait mention au présent arrêt, sans qu'ils en prennent occasion d'entraver la marche des débats.

Les pièces sout lues ; M. l'Avocat-genéral en tire cette conséquence que le projet des conspirateurs embrassait plusieurs départemens ; ce que Didier, dans ses interrogatoires, et plus encore les évènemens ont confirmé......

La confrontation entre Didier et Simon est lue ; la conséquence en est que la conspiration, sous le titre de l'indépendance nationale, s'étendait à Lyon, et que c'est dans ce dessein que Didier vint à Lyon dans le mois de janvier, et eut des conférences avec plusieurs des accusés.

L'existence de la conspiration prouvée, M. l'Avocat-général annonce la seconde partie de son discours : *la participation que chacun des accusés y a prise.*

La séance est suspendue à 10 heures et demie du soir.

*Séance du mercredi* 28.

Elle est ouverte à 10 heures du matin.

M. le Président adresse à Rosset plusieurs questions sur l'état de dureté du lit qu'il avait offert à l'étranger.

Quelques autres circonstances relatives à Rosset, sont remises en débats.

Cette conduite de la part de M. le Président, fait apercevoir de nouvelles conséquences à tirer des faits qui ont été déja débatus.

M. l'Avocat-général prend la suite de son discours avec un ton de dignité qui laisse appercevoir que son cœur est douloureusement affecté.

Ici se développe le récit des relations de Didier et de *Rosset.*

D'après cet ensemble de circonstances, il est imposible de refuser sa confiance aux révélations de l'accuré Simon..... Quelle fatalité ! un étranger est chez *Rosset*, et c'est Didier qui découche cette même nuit de chez Creuzet....

Ecoutons Didier lui-même....

( On lit l'interrogatoire du 23 mai)

*J'étais indécis si l'éclat aurait lieu à Lyon ou à Grenoble..... mais je me décidai pour Lyon.*

D. *Arrivé le 15 janvier à Lyon, par qui fûtes-vous aidé.*

R. *Je n'ai pas organisé la conspiration à Lyon, j'ai su qu'elle était préparée.....*

Ailleurs, et c'est le 30 mai, il confesse la réunion du 17, et tous ses détails..... il était avec *Rosset*.

La confrontation est encore plus convaincante, et, à ne considérer que ce seul fait, Didier reconnaît Simon...... Tout le reste est prouvé !....

Il termine ce qui concerne l'accusé Rosset, par les deux chefs d'accusation relatifs à sa rébellion et au défaut de révélation.

M. l'Avocat-général passe au deuxième accusé.

Le fait des mots : *maîtres* et *serfs* à ceux de *Roi* et de *sujet*. Voilà ce qui rattache cet accusé à la conspiration.

Mais l'impartialité du magistrat le force de reconnaître que jamais Didier n'a confessé ce qui est relatif à Montain...... et il se propose à lui-même, sans y répondre, l'objection qui naît du témoignage de plusieurs personnes qui expliquent pourquoi Montain était allé le 17 aux Aqueducs.

Quant au troisième accusé, Lavalette,

S'il faut en croire le témoin de Gabet, il n'avait d'autre dessein en, arrivant à Lyon, que d'y passer, et son empressement à prendre une voiture pour Paris, annonce cette intention.

Mais l'ensemble des faits sur la conspiration, établis même par Didier, d'accord à certains égards avec Simon, prouve l'adhésion de Lavalette au complot, et le voyage de Paris ne contrarie pas cette preuve.

M. l'Avocat-général explique que le colonel Jacquemet, quatrième accusé, sans pouvoir être rangé parmi les membres du complot de Lyon, puisqu'il ne s'est pas trouvé aux deux conférences, est convaincu d'avoir servi d'intermédiaire entre plusieurs personnages qu'on a vu y figurer comme acteurs.

« Vous n'avez plus, Messieurs, qu'à former votre opi-
» nion sur la complicité de deux accusés, l'un est Roza ;
» quant à lui, a-t-il accepté des propositions criminelles?....
» alors il est coupable........ les a-t-il rejetées?........ dans ce
» cas il ne peut être condamné......... »

L'orateur exprime ses regrets qu'un homme qui a préservé cette intéressante cité de tant de fléaux...... se trouve rangé parmi les accusés, et qu'il faille le présenter sous ce titre.

Sans lui les coupables ne seraient pas aux pieds de la cour.

Sans lui les plus terribles calamités.......

Ici nous ne pourrions donner qu'une idée trop imparfaite du langage élevé et pressant de l'orateur. Après un très-bel éloge de la franchise et de la conduite de Simon, il termine par l'image d'une grande ville en proie aux fureurs de la guerre civile, au moment où elle tombe au pouvoir des insurgés !

Les débats continuent, et quand M. l'Avocat-général a cessé de parler, M. le Président, ainsi qu'il l'avait annoncé dans le cours des précédentes audiences, fait connaître à MM. les Jurés des passages de plusieurs lettres en style mystérieux.

Les personnages qu'elles désignent, les sieurs Arthaud, Turquin, Dupont, Clémançot, sont entendus en vertu du pouvoir discretionnaire.

De ces nouveaux éclaircissemens il résulte cette conséquence, que les mécontens savaient que l'on conspirait et osaient espérer un bouleversement désastreux pour tous, et utile à eux seuls, en offrant des chances favorables à leur ambition !

M.e Verdun, avocat, major d'une légion de la garde nationale Lyonnaise, et le docteur Clermont, sont entendus comme témoins à décharge, en faveur de Montain.

Trois officiers sont aussi entendus à décharge pour le colonel Jacquemet, ils déposent de son opinion et rendent hommage à sa comptabilité.

Altercation entre les accusés, relative à la confession de Simon.

La séance est suspendue à trois heures et demie, elle continue un quart d'heure après, et M.e Hombron, avocat du capitaine Simon, la termine par un discours de dix à douze minutes, dont voici l'analyse.

*Premier Plaidoyer pour le capitaine Simon.*

L'intérêt de cette défense ne pouvait être de prouver la vérité des révélations, c'eût été justifier l'accusation ; et ce ministère est celui de M. l'Avocat-général.

Il n'appartient pas à un accusé d'aggraver sa position et celle de ses co-accusés.

Mais le capitaine Simon dont la conduite ne pouvait être criminelle quand, le 19, il a eu le courage d'arrêter dans son cours ce qu'on appellera, si l'on veut, de simples projets, doit-il être déclaré coupable ? Pour résoudre cette question, il ne faut que se reporter à la discussion de M. l'Avocat-général et aux débats.

En finissant ces courtes réflexions, l'Avocat du capitaine

prévoit le genre d'attaque qu'il aura à soutenir; on voudra, pour atténuer la force de ses révélations, leur supposer des motifs d'intérêts et les rendre l'ouvrage du mensonge. Il est donc forcé de se réserver, de solliciter de nouveau la parole pour défendre son client *de cet avilissement*, qui contrasterait d'une manière infiniment injuste avec les sentimens de reconnaissance que lui doit cette grande cité, préservée des plus affreux désastres.

Me. Guerre à qui M. le Président promet la parole pour demain matin, annonce que Rosset aura des interpellations à proposer à Simon.

La séance est suspendue à quatre heures un quart.

### *Séance du jeudi 29.* *

La séance continue, il est dix heures; M.e Guerre se présente au barreau, il a la parole :

Il s'annonce comme le premier en ligne avec les autres accusés, *tous réunis à lui contre l'ennemi commun.*

Réduire à sa juste valeur ce langage de Simon qu'on nous présente comme un oracle,... convaincre Simon d'être un artisan du mensonge, tel est, à ce qu'il paraît, le but que se propose l'orateur.

« D'un côté, on n'entend pas sans horreur l'idée d'un « affreux complot..... »

« D'un autre, l'imagination ne s'épouvante-t-elle pas « de voir à quel vil instrument peut être attaché le salut « de tant de personnes?..... »

« ...... C'est un genre d'accusation qui peut tous nous « faire trembler.... »

« ..... Malgré nos efforts la vérité s'obscurcira souvent... « La vérité sortira de temps en temps des plus légères ou- « vertures, et nous guidera.... »

L'Orateur dans un plaidoyer qui a duré trois heures et demie, s'est efforcé d'abord de prouver que les moyens de conviction ont été préparés à dessein, et qu'ils ne sortent pas même des faits révélés par Simon.—

Il a ensuite tenté de diviser les évènemens qui ont eu lieu sur différens points de la France, en assignant à chacun une cause différente, prenant à tâche de réfuter le systême d'une correspondance générale aboutissant aux ministres destitués, qui en seraient le centre et les premiers moteurs.

* Il parait que Rosset a renoncé à son projet d'interpeller Simon sur différentes déclarations.

Puis il s'est attaché à réfuter toutes les révélations données par Simon, soit en les présentant comme l'ouvrage d'un homme vendu, intéressé à se rendre l'artisan du mensonge, soit en faisant ressortir l'invraisemblance des faits les plus frappans ; invraisemblance démontrée par des contradictions, soit sur les dates, soit sur d'autres circonstances.

Supposant enfin que Simon a parlé de bonne foi, il a pu se tromper, et dans tous les cas, il ne résulterait pas de tous ces faits qu'un complot aurait existé, mais qu'on aurait proposé aux accusés des mesures auxquelles rien ne prouve qu'ils aient adhéré. Et ceci le conduit à discuter ce qui constitue le complot, et la seule proposition non-agréée. — Il trouve la preuve de cette proposition dans le départ de Didier et la séparation des autres personnages.

La proclamation sera rangée dans les vœux insensés que la loi exclut de la criminalité.

Quant à la non-révélation, elle ne peut être imputée à crime s'il n'y a pas de complot.

Et enfin, les accidens arrivés sur les agens de police, sont le résultat du hasard et non de la volonté ; Rosset lui-même en a été victime.

M. l'Avocat-général lui répond dès qu'il a cessé de parler.

— La vertu ne peut égarer la justice, il est donc de notre devoir, non pas d'effrayer vos esprits, mais de vous retracer les principales circonstances de cette cause.

Il rétablit la liaison entre les divers moyens insurrectionels.

Les faits particuliers à l'accusation se lient parfaitement à ces évènemens qu'on veut isoler.

Quant aux moyens tirés des révélations, il en fait sentir toute la force ; « le capitaine Simon, dit ce Magistrat, est » sous le poids des imputations, il trouve là sa plus belle » justification, il n'en sera que plus digne de l'estime des » gens de bien. »

Puis M. l'Avocat-général dédaigne comme puériles les prétendues contradictions, il répond à quelques-unes, et prouve qu'elles ne sont alléguées que pour anéantir les plus forts soutiens de l'accusation.

Il termine en déclarant qu'il ne parlera plus dans cette affaire.

On règle l'audience pour le lendemain et le samedi.

MM. Lombard, Menoux, Journel et Beaugeard rempliront les deux séances du soir et du matin.

MM. Hombron et Guerre, auront une courte réplique le samedi avant le résumé de M. le Président.

La séance est suspendue à quatre heure et demie.

La Cour est assemblée à neuf heures du matin.

*Séance du vendredi 30.*

M. le Président veut faire constater de nouveau ce fait, que Simon connaissait bien la maison de Rosset aux Aqueducs, et qu'il y était demeuré assez long-temps pour en faire la description.

Pour mieux obtenir cette preuve, Jacquemet, Lavalette et Roza, sont d'abord seuls introduits au parquet.

La femme Girard est appelée et entendue sur des objets de détails et de localité.

Montain, Rosset, Simon, la femme Girard, ramenée une seconde fois, sont interrogés successivement sur les mêmes faits de localités, et la preuve désirée est de plus en plus complette.

Toujours pour mieux éclairer la discussion, M. le Présidant fait revenir Gabet, l'hôte de l'hôtel de Provence, pour expliquer ce qu'il sait des démarches de Lavalette dans la journée du 18.

Les sieurs Babet, Rafri et Barsas sont entendus à décharge en faveur de l'un des accusés; nous croyons que c'est pour l'accusé Rosset.

Le sieur Gauthier, brigadier de gendarmerie, atteste que c'est de sa main qu'a été relevée sur l'original resté à Grenoble, la copie de la confrontation de Duserre avec Didier, de laquelle il avait été question aux précédentes séances.

A cette occasion, M. le Président rappelle comment Simon a été confronté avec Didier; ce magistrat annonce, au surplus, à MM. les Jurés, que pour ne rien laisser à désirer, une estafette a été expédiée à Grenoble, pour qu'on ait en original la confrontation de Didier avec Duserre.

La parole est à M.e Lombard.

Tout ce plaidoyer où l'auteur a montré le plus grand dévouement pour M. Montain, son client et son ami, n'est pas susceptible d'être analysé; quant au plan le voici :

Détruire les révélations de Simon en anéantissant celui-ci; ce qu'il a entrepris par les mêmes moyens que M.e Guerre.

Faire l'éloge le plus brillant de l'accusé, et rendre toutes ses relations innocentes.

Et pourquoi, dit-il en finissant, repousser les hommes égarés ?.........

L'audience est suspendue à trois heures et demie.

*Séance du soir, vendredi 30.*

Les débats sont repris à cinq heures et demie.

Quelques nouvelles explications sont données à MM. les Jurés.

On leur produit en original la confrontation de Duserre.

M.e Menoux a la parole, il marche d'après le même plan que ses prédécesseurs; son ton est décent, il veut, comme eux déconsidérer Simon, mais il ne paraît pas l'attaquer de front; son style est pur et fleuri, le raisonnement est finement déduit.

M.e Journel lui succède.

Il traite de nouveau les contradictions reprochées à Simon; il fait l'éloge de son client, cherche à inspirer pour lui de l'intérêt, et démontre sa non-participation aux faits imputés aux autres accusés; à l'exemple de ses collégues il tonne avec force contre *l'ennemi commun.*

M.e Journel, pénétré de son sujet et de son rôle, plaidant pour un officier, a répandudans tout ce discours, qui a paru court, un ton chevaleresque qui sied on ne peut mieux à son caractère et à son dévouement bien connu pour la cause des Bourbons.

Après avoir entendu pendant un jour et demi des discours surchargés de raisonnemens et de faits, on voit avec plaisir M. Beaugeard s'avancer à la barre; on s'attendait qu'ayant à défendre un accusé que les débats avaient déjà justifié de l'accusation grave qui pèse sur les autres, M. Beaugeard, dont le talent a son cachet particulier, allait agréablement varier la scène par des tableaux plus légers et moins rembrunis. — L'ouvrage a répondu par son agrément à l'attente des auditeurs. Pour mettre nos lecteurs à même d'en juger, nous croyons devoir donner ce plaidoyer presqu'en entier.

*Plaidoyer pour Michel Roza.*

Au milieu des objets de haute considération qui vous occupent depuis plusieurs jours, il faut toute ma modestie pour n'être pas en quelque sorte un peu honteux, d'arrêter votre attention sur une chose aussi frêle que la part que Michel Roza est accusé d'avoir prise dans ce qui fait la matière de cet important procès.

Je conviens que dans une conspiration, tous les acteurs n'ont pas l'honneur d'être chefs; mais on doit convenir aussi qu'un militaire, à qui l'on ne peut reprocher qu'une réponse louche à une question insidieuse, ne mérite ni les récompenses attachées au conspirateur qui réussit, ni les châtimens infligés au conspirateur qui échoue.

Nommé d'office à la défense du sergent Roza, je ne connais pas une seule pièce de sa procédure; je n'ai pas lu une seule ligne des actes dont elle se compose. Lorsque j'ai voulu jeter un coup-d'œil sur la copie que la loi accorde aux accusés, je n'ai pu la découvrir nulle part. — Cette copie a été donnée, je le sais; mais elle a passé par toutes les mains, sans jamais arriver dans celles de Roza.

Il a donc fallu me résigner à ne connaître de la cause que ce que la discussion m'en apprendrait.

Telle est, en ce moment, ma position. J'en parle pour obtenir, sur ce qui pourrait rester au-dessous de mes efforts, l'indulgence de Messieurs les Jurés, et surtout la bienveillance du Magistrat intègre et éclairé qui préside à cette cause avec tant de dignité, de sagesse, et d'impartialité.

D'après ce que m'ont laissé entrevoir les débats, Michel Roza est placé, dans cette vaste procédure, sur un pivot isolé, qui lui est exclusivement personnel.

Vainement dans l'acte d'accusation a-t-on voulu l'assimiler aux autres accusés; il a, dans la conjuration, une physionomie particulière.

En effet, à travers le cahos de discours, de voyages, de conciliabules, de lettres, d'interrogatoires, de confessions, qui composent les élémens et les matériaux de la conspiration, qui, depuis cinq jours, est discutée devant la Cour, tout se réduit pour Michel Roza à quelques faits excessivement simples.

L'accusé Simon l'a envoyé chercher.....

Ce capitaine prétend qu'il n'avait d'autre but que de connaître l'esprit de la légion du Rhône......

Il a cependant voulu corrompre Roza..... puis Carmouche.....

Ni l'un ni l'autre ne sont entrés dans ses projets.....

Et c'est alors que le sieur Simon, qui venait de se donner imprudemment deux témoins de ses crimes, cherchant à calmer, sinon sa conscience, au moins ses inquiétudes, crut y parvenir en écrivant à M. le Général de Maringoné une lettre calculée; lettre qui, tout-à-la-fois, disait beaucoup, et ne disait rien.....

Pour Roza, voilà tout le procès.

Au fonds, y a-t-il eu conspiration?

L'accusation dit *oui*.

Les accusés disent *non*.

Roza ne dit *ni oui*, *ni non*.... et, en matière criminelle, le défenseur ne doit pas aller plus loin que son client.....

A cet égard, Roza ne sait que ce que Simon lui a raconté; et je ne sais moi-même que ce que les débats m'ont appris.

A l'audience de mardi soir, j'ai entendu, pour la première fois, (et c'est la seule pièce de la procédure que je connaisse), j'ai entendu, dis-je, M. le premier Président lire un écrit émané de Simon, édulcoré du nom seduisant, imposant, de *confession générale*.

Mais, j'ai fait la même réflexion que les orateurs qui m'ont précédé à cette barre: l'éclat de la componction du sieur Simon m'a paru un peu terni par la demande qu'il fait d'un bien-être pour sa famille et d'une place pour lui. C'est, selon moi, une ombre au tableau, une tache sur l'étoffe.... Lorsqu'un citoyen se dévoue pour sa patrie, sa plus noble récompense est dans son désintéressement; lorsqu'un conjuré est réduit à solliciter son pardon, il doit le faire sans conditions.

Je me suis sur-tout trouvé singulièrement refroidi, lorsque dans cette pièce, d'autant plus importante qu'elle est l'une des bases de toute cette terrible procédure, j'ai entendu le capitaine Simon accuser le sergent Roza du crime vraiment révoltant, de s'être engagé dans la conspiration.

Je sais que M. l'Avocat-général n'a pas excessivement insisté sur l'inculpation faite par Simon à Roza.

Mais je sais aussi que l'acte qui l'accuse est-là;.... que le ministère public ne s'est point désisté à l'audience, de l'accusation;.... que la question de la culpabilité de Roza vous sera proposée;... que M. l'Avocat-général, tout en convenant que Roza n'avait contre lui que la dénonciation de Simon, ne vous en a pas moins déclaré qu'il s'en rapportait à vous, MM. les Jurés, sur l'importante question de savoir laquelle de l'inculpation de Simon ou de la dénégation de Roza, devait l'emporter dans vos esprits.... Tout cela est délicat.... tout cela est grave, je le sais par expérience; au criminel les préventions sont terribles, les impressions sont fortes; . . . et, dans cette position, mon devoir est de ne rien négliger de ce qui peut éclairer votre religion.

Vous me pardonnerez donc de vous présenter quelques réflexions très-succintes sur cet objet.

Je n'emploirai aucun des moyens que vous ont offert les orateurs qui m'ont précédé; je dois respecter les momens de la Cour et les vôtres..... d'ailleurs, les *redites* ne me vont pas.

Je l'annonce hautement; je n'ai trouvé dans les déclarations du sieur Simon, relativement à ce qui est personnel au sergent Roza, que des suppositions, des erreurs, des contradictions.

*C'est ce que l'on cherche à établir par différens rapprochemens qui forment une partie de la discussion. Dans l'impuissance de tout donner, nous citons quelques passages qui feront prendre une idée du raisonnement et du style de l'auteur.*

Il est prouvé, par la décalaration même de Simon, que dans cette première entrevue, Roza ne s'engagea à rien, puisque Simon lui dit qu'il lui fallait une réponse décisive avant cinq heures; ..... or, on ne réclame pas une réponse décisive d'un homme qui s'est déjà décidé.

Il est prouvé qu'à la seconde visite, lorsque Roza vint avec le sergent-major Carmouche, ni l'un ni l'autre sergent ne promirent rien, puisque le sieur Simon, en les quittant, (après avoir bu avec eux un verre d'eau-de-vie) leur ayant demandé si l'on pouvait compter sur eux, les deux sergens se poussèrent le coude, et ne répondirent ni affirmativement, ni négativement.

Aux débats le sieur Simon a dit qu'il demanda à Roza et à Carmouche s'ils seraient contens d'avoir le capitaine Cormeau pour les commander, et qu'ils répondirent négativement, parce que, dit-il, *Cormeau était Royaliste.*

Je tranche sur le *royalisme* du capitaine Cormeau: cela ne me regarde pas.

Mais sur quoi j'appuye, c'est que dans ses confessions écrites, le sieur Simon prétend que Roza lui avait dit qu'il ne pouvait compter que sur cinq ou six hommes, et que tout le reste de la Légion était dévoué au Roi.....

Or, entre militaires, c'est-à-dire, entre gens du métier, propose-t-on un capitaine pour commander cinq hommes, dont deux sont sergens? compose-t-on une compagnie de trois soldats?

*On a vu dans ses réponses que Roza a dit que Simon avait,*

*avait, en lui parlant le 18 chez lui, une espèce de poignard à la main, et que Simon a expliqué que c'était la pointe cassée de son épée qu'il avait trouvée sous sa main et qu'il tenait indifféremment; l'avocat de Roza en tire occasion de jouer avec beaucoup d'agrément sur cette pointe..... d'épée.*

A ce sujet, Roza vous déclara que lorsque le sieur Simon l'eût entraîné dans sa chambre à coucher, il se présenta à lui tenant d'une main une bourse, et de l'autre un poignard, et qu'il ne lui laissa que l'option.

Je sais que le capitaine Simon a nié l'arme et l'argent...... c'est cependant assez la coutume d'un chef de conjurés, et le sieur Simon, quoiqu'il en dise aujourd'hui, l'était alors. Rosa m'en avait parlé, et m'avait dit que Simon était convenu du poignard devant M. le baron de Maringoné.

Ayant eu occasion de voir ce Général, je lui parlai de cet aveu de Simon, et M. de Maringoné me dit que la chose était vraie, que Simon en était convenu devant lui, le 19.

Je m'étais proposé de rappeler ce fait à M. le maréchal-de-camp, au moment de sa déposition devant la cour; mais l'envie m'en a passé, lorsque aux débats, l'épisode du stilet ayant été remis sur le tapis et disputé entre le capitaine Simon et le sergent Roza, le sieur Simon, après avoir un peu tergiversé, beaucoup balbutié, pressé par Roza, a fini par convenir qu'à la vérité il n'avait pas un poignard, mais bien un morceau de son épée qui s'était cassée, et qu'il tenait machinalement dans ses mains.......

On sent combien une pareille explication a dû me désappointer; et MM. les Jurés seront aussi surpris que moi de l'énorme différence qui existe entre la lame exiguë d'un poignard, et la lame exiguë d'un bout d'épée garnie d'un manche de bois......... Il y a dequoi fourvoyer même un armurier! et ce tronçon d'épée, qui n'est pas un poignard, et que le sieur Simon tient dans ses mains indifféremment (à ce qu'il a dit) comme toute autre chose...... à-peu-près comme nous, avocats, tenons notre plume!........ et cela dans une conversation où il s'agissait d'enlacer un militaire dans une conspiration!.......... de l'entraîner à l'oubli de ses devoirs!........

Je l'avoue, tout cela m'a paru si bien trouvé, si édifiant, et sur-tout si ingénu, que je n'ai plus eu le courage de réclamer l'attestation de M. de Maringoné sur l'aveu ou le désaveu du sieur Simon, relativement au poignard, et je m'en suis tenu à la pointe d'épée.

Je puis en dire à peu près autant de l'argent;..... tout

le monde sait que c'est, en fait de conspiration, le nerf de l'intrigue.

Quoiqu'il en soit, Roza assure que le sieur Simon lui en a offert.

Simon atteste que le fait est faux........

Et alors, ce qu'il ne peut pas nier, ce qui reste constant au procès, ce sont les deux verres d'eau-de-vie dont il a régalé le sergent Carmouche et le sergent Roza........ et il faut convenir qu'on ne peut pas acheter deux conjurés à meilleur marché.

Maintenant, qu'on réunisse toutes ces circonstances ; et il faut renoncer à rien prouver aux hommes, ou il restera démontré,

Que Roza n'a point trempé dans la conspiration ;

Qu'il n'en a été ni le fauteur, ni le complice ; qu'à part Simon, il n'a connu aucun des conjurés ;

Qu'il n'a assisté a aucun des conciliabules qu'on dit avoir été tenus ;

Qu'il n'a fait, pour la conspiration, aucune démarche ;

Qu'il n'a donné aux conjurés, ni son aide, ni ses secours ;

Qu'il ne leur a fourni, ni des vivres, ni des munitions ;

Qu'absolument étranger à ce qui fait l'objet principal de l'accusation, il n'est, dans les dispositions d'aucun des articles du Code pénal, applicable aux conspirateurs.

Carmouche a-t-il été arrêté ? — Non.

Pourquoi donc jeter dans les prisons Roza, non moins innocent que lui ?

Mais, dit l'acte d'accusation, si Roza n'est pas coupable de complicité dans le complot, il l'est pour ne l'avoir pas révélé aux autorités.

Ici, deux réponses se présentent ; l'une morale, l'autre légale.

Au *moral*, Roza n'a point été de suite dévoiler l'entretien qu'il avait eu avec le capitaine Simon, parce qu'il regarda le projet comme une extravagance.

Le sergent-major Carmouche en conçut la même idée.

La folie du complot, l'insuffisance des moyens, la difficulté de l'exécution, l'impossibilité du succès, tout leur fit considérer cette trame comme un acte insensé, qui ne méritait que le mépris.

Cette opinion, que Roza conserva pendant la soirée du 18, (qu'il passa au théâtre des Célestins) dut se changer en certitude le lendemain 19, lorsqu'en s'éveillant il n'entendit point parler du fameux coup de canon, qui devait annoncer l'indépendance nationale, et dont Didier nous apprend qu'il attendait l'explosion, dans l'un des recoins de la Guillotière.

Tout dut confirmer Roza dans la persuasion que c'était un projet avorté, ou abandonné, et il crut inutile d'en parler.

Voilà comment les choses se présentèrent à son esprit : c'est le *moral*.

Voici comment elles se passèrent en réalité, et elles me fournissent la réponse *legale* que j'ai avancée.

Ouvrons d'abord le Code pénal au chapitre des *Révélations*. Voici comment s'exprime l'article 103.

« Toutes personnes, y est-il dit, qui, ayant eu con-
» naissance de complots formés ou de crimes projetés
» contre la sureté intérieure ou extérieure de l'état,
» n'auront pas fait la déclaration de ces complots ou crimes,
» et n'auront pas révélé au Gouvernement, ou aux au-
» torités administratives ou de police judiciaire, les cir-
» constances qui en seront venues à leur connaissance,
» le tout dans les vingt-quatre heures qui auront suivi
» ladite connaissance, seront, lors même qu'elles seraient
» reconnues exemptes de toute complicité, punies, pour
» le seul fait de non-révélation, de la manière et selon
» les distinctions qui suivent. »

Voilà la Loi.

Une fois connue, l'application n'est plus qu'une affaire de simple calcul.

Maintenant, rapprochons les dates et les heures.

Ce fut le 19 janvier que M. de Maringoné fut instruit des propos tenus la veille, par Roza, dans le café des Célestins.

Ce fut à deux heures qu'il passa la revue des sous-officiers.

Roza fut de suite arrêté ;

Il fut de suite conduit chez le Général ;

Il fut de suite interrogé ;

Il déclara de suite ce qu'il savait ;

Ce qu'il savait, il l'avait appris de Simon, le 18, à 4 heures après-midi..........

Il ne s'était donc pas encore éooulé les 24 heures accordées par la loi, pour la révélation.

Dit-on qu'elle ne fut pas volontaire ?

Mais la loi ne l'exige pas.

L'article 103 est sûrement encore présent, MM. les Jurés à vos esprits.......... le législateur précise le délai ;

mais il se tait sur la volonté, la liberté ou la gêne du révélateur, ....... et là où la loi garde le silence, nul n'a le droit, (sur-tout en matière criminelle) de la suppléer, de l'amplifier, ni d'exiger ce qu'elle ne commande pas.

Prétendra-t-on que l'article 103 veut que la révélation soit faite à l'une des autorités qu'il indique ?...........

Mais un militaire ne connait d'autorité directe que celle de ses chefs ; pour lui, un général d'armée est tout.

D'ailleurs, l'article 103, en précisant les autorités auxquelles la révélation doit être faite, place en première ligne le *Gouvernement.*

Or, le général qui commande un département est bien le représentant de ce Gouvernement qui lui confie son autorité, son repos, son pouvoir et ses forces.

La révélation de Roza est donc régulière sous tous les aspects.

Le capitaine Simon, qui a de grandes raisons pour se donner les gants de cette révélation, n'a pas manqué de présenter sa lettre du matin du 19, à M. le baron de Maringoné, comme ayant tout dévoilé, bien que cette lettre n'apprenne rien que la possibilité, ou, si l'on veut, l'indication vague d'un complot.

A l'audience, cette lettre a figuré; ....... on l'a présentée comme *une voix*, ce qui est un peut métaphysique; ..... on a parlé de la *voix* de Simon, ..... de la *voix* de Roza, .... et dans cette cacophonie de voix, on a voulu réduire celle du sergent en un simple écho.

On conçoit les motifs qu'a eu le capitaine Simon de vouloir s'attribuer la priorité.

Sur cette priorité, à laquelle le capitaine Simon a attaché autant d'importance que Roza en met peu, que reste-t-il de positif, d'après M. de Maringoné, d'après Simon lui-même ?

Que le matin du 19 janvier, celui-ci a écrit une lettre vague, qui ne compromettait personne ;

Que vers les trois heures du même jour, Roza a dévoilé au Général les propositions à lui faites par Simon dans l'après midi du 18, ........ et a nommé ce factieux.

Pardonnez-moi, Messieurs, de rappeler ici une anecdote que M. le baron de Maringoné vous a racontée ; celle de ces deux officiers sans solde, qui se rencontrèrent dans un café ; et dont l'un étonné de la petite profusion que montrait son camarade, lui demanda où il prenait l'argent; .... et la réponse de l'officier pécunieux, qui dit à l'autre : *viens demain avec moi, et je te conduirai chez celui qui m'en fournit........* et M. de Maringoné vous rapporte que ce payeur était le sieur Roza.

Je réitère cette anecdote par deux motifs :

Le premier, dans la crainte qu'une conformité de nom jette de la confusion sur les personnages, et que MM. les Jurés portent sur le sergent Roza, une trésorerie dévolue à une autre personne du même nom. ( *Connue en cette ville.* )

Le second motif que j'ai, est de donner du poids à cette déclaration de Roza, que Simon lui avait offert de l'argent. Le 18 janvier, Simon était un conjuré, un chef de conjurés ; il existait une caisse, Simon devait la connaître, y puiser, et offrir à Roza le seul moyen de corruption qu'il fût en son pouvoir d'employer pour y parvenir.

En résumant tout ce qui précède, qu'en résulte-t-il ?

Deux choses invariablement prouvées.

La première, que Roza n'est point entré dans la conspiration.

La seconde, que Roza a révélé dans les vingt-quatre heures à M. de Maringoné tout ce qu'il savait du complot.

Et qu'il n'est ainsi passible, ni sur l'un ni sur l'autre de ces objets, des peines portées par la loi.

Il gémit cependant depuis 8 mois dans les prisons.

Il est courbé depuis lors sous le poids d'une procédure terrible ! et Simon a osé demander une récompense !

C'est bien plutôt à Roza qu'elle eût été due, sans qu'il la demandât !

En finissant, que me reste-t-il à faire ? — ne point déguiser la faiblesse de mes talens, rappétissés encore par la mâle éloquence des orateurs qui ont parlé avant moi,

Et réclamer l'équité de MM. les Jurés en faveur de Roza.

Ils aimeront, j'en suis sûr, à rendre un citoyen à la patrie, un militaire à ses drapeaux, un sujet fidèle à son Roi, un fils utile à un père malheureux.......

Et en se livrant ainsi aux plus doux sentimens, ils auront la consolation de se dire que, dans cette circonstance, leur bienveillance ne coûtera rien à leur justice.

Je persiste.

La séance est suspendue à dix heures trois quarts.

*Séance du semedi 31.*

Elle s'ouvre à dix heures.

M.e Hombron à la parole.

*Deuxième plaidoyer pour le capitaine Simon.*

Depuis cinq jours, des hommes courbés sous le poids du malheur, se défendent d'une accusation grave. Dans ces longues audiences consacrées aux accusés, Simon, à qui on ne peut refuser quelque intérêt, trouvera-t-il encore une place dans vos débats,... moins sans doute pour se défendre de l'accusation, que pour repousser un genre d'attaque aussi odieux qu'il est injuste ?

En effet, le vengeur de la société a bien voulu prendre généreusement sa défense.

Simon, ne doit-il pas encore se reposer sur la sage impartialité du Magistrat qui va donner son résumé ?

Enfin, les accusés eux-mêmes ne s'accordent-ils pas à confesser que tout dans cette cause garantit le capitaine Simon des effets de l'accusation ?

J'aurai donc pu garder le silence,... dit le défenseur : *mais je me serais cru coupable envers mon client ; je lui dois et je me dois à moi-même de m'armer aussi pour sa défense.... Sans doute vous exigez de moi*, MM. les Jurés, *de vous parler du capitaine, injustement abreuvé d'amertume et d'outrages pendant trois journées !....*

*Toutefois, dans tout ce que je dirai pour sa justification morale,... je laisse les conséquences à tirer, soit en faveur, soit à charge des accusés....*

*C'est moins contre ces hommes déjà si malheureux, que contre un système odieux, que je m'élève.*

Ici le défenseur de Simon fait observer à MM. les Jurés quel est le *but* de ses adversaires, et quels sont *leurs moyens.*

Leur *but* est évidemment de détruire, s'il leur est possible, celui qu'ils appellent *leur ennemi.*

D'abord ce motif, bien connu, suffit pour faire apprécier tout le mal qu'ils en ont dit : *la haine est aveugle, elle est injuste !....*

Mais, quelle témérité, quelle imprudence de se déclarer les ennemis, de celui-là de qui M. l'Avocat-général a dit : *Il trouve dans ces imputations sa plus belle justification, il n'en sera que plus digne de l'estime des gens de bien !....*

Aussi, quelle inconséquence que d'être forcé pour *se défendre d'une accusation capitale*, d'invoquer les déclarations de ce même homme qu'on veut signaler comme un imposteur !....

Le Défenseur poursuit ainsi : *pourquoi l'appelez-vous*

*votre ennemi !...... vous lui attribuez vos malheurs ;...... ne sont-ils pas votre ouvrage ?.... est-ce à ses insinuations, que vous vous êtes rendus criminels !.... Didier a osé le dire, mais vous ne serez pas assez fourbes pour imputer à Simon d'être l'auteur de ce funeste complot.....*

*Vous lui supposez de la haine;... quelle haine pouvait-il porter à des hommes qu'il ne connaissait pas, ou qu'il ne connaissait que très-peu, ou qu'il ne connaissait que sous des rapports d'obligeance? ( Ceci s'applique au colonel Jacquemet.)* (1)

Puis relevant leurs injustes imputations, le défenseur de Simon démontre à ses adversaires l'innocence et la candeur de ses paroles et de ses écrits, lorsqu'il proposait à l'Autorité les mesures de sûreté générale, qui ont exaspéré leur critique. — C'est donc la haine qu'ils ont pour lui, qui a tourné en poison ce qui était offert comme un remède salutaire.

Quant aux *moyens* des adversaires pour perdre Simon, ils se réduisent à le diffamer dans l'opinion, en l'offrant aux regards comme un imposteur, et comme un ambitieux cupide, qui sacrifie plusieurs hommes à son intérêt.

Le défenseur reprenant ici les invraisemblances et les contradictions qu'on lui reproche, les anéantit par l'analyse et par des explications aussi claires que précises.

Puis s'attachant à réfuter l'assertion *si légèrement hasardee, que le capitaine aurait immolé des victimes à son intérêt*,

Il leur démontre que le seul fruit qu'ils espèrent retirer de cette calomnie, est d'ôter l'honneur à un homme utile et dévoué à son pays, qu'ils n'ont pu rendre complice de leur criminelle entreprise.

Que d'ailleurs ce qu'il a dit, loin de lui nuire dans l'opinion, prouve la sincérité de son retour à la vertu et à ses devoirs.

Qu'eux seuls sont de mauvaise foi quand ils s'écrient que sa conduite est un outrage fait au corps des officiers et à toute l'armée ...... Ici l'orateur rend un juste hom-

---

(1) Voici comme Simon parlait dans sa confession. « Enfin, il a » fallu que je me sois pénétré de tant de devoirs qui m'étaient im- » posés, pour faire cette confession générale.

» D'un côté la religion, de l'autre mon Roi et le salut de ma patrie ; » en un mot, cédant à l'impulsion de mon cœur, après avoir pleuré » toute la journée d'hier, je vous adresse jusqu'à ma dernière pensée ; » puissé-je être assez heureux pour mériter, aux yeux du Roi, de » la France, et de vous, un pardon général ! »

mage aux guerriers fidèles, parmi lesquels on voit avec plaisir tant de vieux soldats.

Ce plaidoyer remarquable, à ce qu'il nous a paru, par la justesse du raisonnement autant que par sa brièveté, avantages que les autres orateurs avaient dédaigné, a été terminé par un rapprochement historique, dont beaucoup de spectateurs, presque tous officiers de la Garde royale et des deux régimens de cavalerie que possède notre ville, ont paru vivement frappés.....

« Quelle impression éprouvons-nous au nom d'un *Procida*,
» lorsque nous lisons cette effrayante tragédie exécutée
» en Sicile sous le règne de Philippe-le-Hardi!........
» ........ L'horreur et l'épouvante s'emparent de nos
» sens! ...... Si Procida eût eu un confident assez
» généreux pour arrêter l'éclat d'un si funeste projet,......
» quel rôle jouerait, dans les pages de l'Histoire, ce
» sauveur de tant de Français égorgés pendant ces Vê-
» pres trop fameuses !.......

« Un *dénonciateur* courageux qui sauve tout une ville,..
» et peut-être la Patrie toute entière,..... ne mérite-t-il
» pas d'autres éloges...... que ceux dont cette enceinte a
» retenti ?...... *Assurément*, Messieurs, *vous ne lui refu-*
» *serez pas l'honneur de défendre vos familles et vos*
» *biens !* .....
» ........ Ce courage est bien digne d'un militaire
» Français...... Comment celui qui sait verser son sang
» pour son Roi, n'oserait compromettre un faux point
» d'honneur, il redouterait quelques mois de captivité.....
» quand il s'agit de défendre l'autorité du Trône, et de
» protéger toute une grande cité !....
» ....... Ce trait aussi généreux que nouveau, ne serait
» pas mis à côté des faits héroïques.......
« ........ Si l'on cite avec reconnaissance le beau dé-
» vouement d'un d'*Assas*, qui pouvait vivre *obscuré-*
» *ment*, *et peut-être sans crime*, en laissant pénétrer
» l'ennemi dans le camp des Français.......
» ........ On ne doit pas moins de reconnaissance à
» Simon qui pouvait, *sans crime et sans complicité*,
» laisser la Patrie en proie aux fureurs de la guerre ci-
» vile, *et c'est par-là qu'il faut apprécier son action !.....*
» ........ Toutefois, une idée bien consolante a dû
» le soutenir dans tout le cours des débats; *il n'est pas*
» *un homme de bien qui ne fasse des vœux pour que le*
» *capitaine Simon sorte avec avantage de cette déplorable*
» *affaire,.....etc.* »

Après M.e Hombron, M.e Guerre a répliqué à M. l'Avocat-général.

Nous ne dirons rien (faute d'espace) de ce 2.e plaidoyer, qui a duré une heure et demie. L'orateur ayant mis de nouveau sous les yeux de MM. les Jurés, les faits à décharge de l'accusé Rosset, et atténué ceux à charge, il a terminé en cherchant à parler au cœur des Juges de cette célèbre affaire, en faveur de son client et même des autres accusés. Cette partie de son discours a paru faire beaucoup d'effet sur l'auditoire.

M. le premier Président demande aux accusés s'ils n'ont rien à ajouter à leurs moyens de défense.

Rosset tire un papier de sa poche qui contient de grands éloges de son avocat; il en parle même avec émotion, il se réclame de la justice de MM. les Jurés pour proclamer son innocence; *il ne doute pas de leur décision;* il rend hommage à M. le premier Président de son humanité, et à M. l'Avocat-général de son impartialité. Lavalette tient à peu près le même langage, et termine son discours par cette phrase *enigmatique : MM. les Jurés, je suis Français, vous êtes Lyonnais, je n'ai rien à craindre.*

M. le docteur Montain, chirurgien en chef de la Charité, frere de l'accusé du même nom, sort des bancs, demande la permission de prendre la défense d'un frère malheureux, elle lui est accordée; il prononce, d'un ton pénétré, un discours écrit où il retrace la conduite louable, dans toutes les occasions, du prévenu; il supplie la Cour de rendre, à sa famille éplorée, un homme qui a déjà tant souffert, et il termine en embrassant étroitement son frère. Cette situation d'un dévouement fraternel a causé une vive émotion, et des larmes ont coulé de tous les yeux. Voilà comment se vengent les Royalistes, en versant des pleurs sur le sort de ceux qui ne veulent que le renversement de l'ordre social. N'en admirons pas moins la tendresse d'un frère estimable pour un frère égaré.

Le colonel Jacquemet prononce aussi, avec sa brusquerie ordinaire, un discours dans le sens de ses coaccusés, et le termine en disant que : *si le peu de sang qui lui reste dans les veines est utile au bonheur de la France, il en fait le sacrifice*: bien d'autres l'ont dit avant lui. On a remarqué qu'aucun des accusés n'a parlé de l'inépuisable bonté d'un Roi qui a déjà tant pardonné, et qui pardonnerait toujours, si la justice ne se lassait de voir de nouveaux forfaits se renouveler sans cesse.

M. le premier Président qui, pendant le cours des débats, a cherché avec tant de soin et tant d'humanité, à découvrir la vérité, tant dans l'intérêt des accusés que dans celui de la société qui les accuse, a fait le résumé de cette importante affaire.

Depuis l'institution du Jury en France, depuis que ces grands Corps, chargés autrefois de rendre la justice dans le Royaume, ont été remplacés....... il n'y a pas eu de cause si importante......

Ici s'offrent de belles considérations sur l'heureuse époque où nous sommes parvenus, après nos divisions, suite malheureuse d'une révolution ; .... sur les accusés, .... sur l'importance et la difficulté de ses devoirs, ....... M. le Président aperçoit et mesure la profondeur du précipice qui l'entoure, soit que la pitié ou la prévention l'entraîne d'un côté ou d'un autre. — Il n'envisagera d'un côté que le malheur d'une condamnation hasardéee, et de l'autre que le danger de l'impunité....... ce n'est pas au cœur des Jurés, mais à leur conscience qu'il faut parvenir. « *Puisse » l'Eternel, pour qui rien n'est caché, faire descendre la » verité au milieu de vous !* »

Le résumé de l'affaire va vous être fait.

Les questions seront posées.

Votre devoir sera ensuite de nous transmettre l'expression de vos consciences ; c'est un devoir sacré dont vous ne pouvez vous affranchir.

M. le Président retrace dans un tableau fidèle, ce que nos lecteurs ont vu dans tout le cours des débats.

La disposition des esprits en décembre et janvier ; — les entreprises de Didier, — ses démarches, — leur coïncidence avec celles des accusés ; — le complot, son origine et les résultats qu'il devait avoir ; — les déclarations divergentes des accusés ; — leurs moyens de défenses, qui sont adaptés au rôle que chacun d'eux a joué dans l'affaire ; la discussion sur leurs déclarations, leurs aveux, et sur les contradictions qui en résultent ; — les motifs de rejeter ou d'admettre ces déclarations, — particulièrement les excuses proposées par Roza et par Simon ; — à l'égard du premier, M. le Président fait observer qu'il avait 24 heures pour révéler ce qu'il savait du complot, or, c'est le 18 de 4 à 5 heures, qu'il en entend parler pour la première fois, et c'est le 19 qu'il est chez M de Maringoné ; ce serait être plus sévère que la loi de compter par minute quand elle ne compte que par jour, *et sans doute, MM., vous hésiterez à le déclarer coupable.* — Tous les faits s'élèvent contre l'accusé Simon; il n'en repousse aucun, *mais confiant dans sa révelation, il attend votre jugement.*

— Oublions ses erreurs.

— Oublions un crime qu'il a réparé.

— Au nom de la Divinité qui pardonne, ..... vous n'hésiterez pas de pardonner à celui qui par un sincère retour à la vertu, a osé braver un préjugé, — que nos lois condamnent et que nos mœurs semblent autoriser........

M. le Président rappelle de nouveau à MM. les Jurés, qu'ils ne doivent consulter que leur raison; ........ *si elle n'était pas convaincue, brisez leurs liens; ...... si la société élève contr'eux une accusationvraie, n'hésitez pas davantage à venir désigner à la Justice ceux qu'elle doit atteindre; ...... que ce soit la vérité qui prononce!........*

Après son résumé, cet éloquent magistrat présente à MM. les Jurés les questions dans l'ordre suivant:

## QUESTIONS.

| | |
|---|---|
| BENOÎT-LOUIS ROSSET est-il coupable du crime de complot contre le Roi, avec les circonstances que l'un des buts de ce complot était de s'emparer de la ville et des autorités, de lever des bandes armées — de se saisir de l'artillerie en général, de faire un soulèvement universel? Enfin d'avoir préparé, rédigé une proclamation destinée à être affichée la veille que le complot aurait éclaté? | 1.re NON à l'unanimité. |
| S'il n'est pas coupable d'être auteur de ce complot, en est-il complice pour avoir donné des instructions, avoir aidé et consenti aux moyens proposés pour consommer ledit complot? | 2.e NON à l'unanimité. |
| Est-il coupable d'une proposition desdits faits, laquelle n'aurait pas été agréée? | 3.e OUI à l'unanimité. |
| A-t-il eu connaissance de ce complot, sans l'avoir révélé dans les 24 heures? | 4.e OUI à l'unanimité. |
| Est-il coupable du crime de rebellion avec les circonstances de blessures en versant du vitriol sur les agens de police? | 5.e OUI à l'unanimité. |

| | |
|---|---|
| Jean-François MONTAIN.<br><br>Mêmes questions qu'à l'égard de Rosset, à l'exception de la dernière. | 1.re<br>Non<br>à l'unanimité.<br>2.e<br>Non<br>à la majorité.<br>3.e<br>Non<br>à la majorité.<br>4.e<br>Oui<br>à l'unanimité. |
| Jean-Louis-Achile de LAVALETTE.<br><br>Les mêmes questions. | 1.re<br>Non<br>à l'unanimité.<br>2.e<br>Non<br>à l'unanimité.<br>3.e<br>Oui<br>à l'unanimité.<br>4.e<br>Oui<br>à l'unanimité. |
| Michel JACQUEMET.<br>Les mêmes questions. | Non<br>sur toutes. |
| Michel ROZA.<br><br>On ne pose à son égard que trois questions : *Complicité*, *révélation*, *délai utile de la révélation.* | 1.re<br>Non.<br>2.e<br>Oui.<br>3.e<br>Oui. |
| Pierre-Christophe SIMON.<br><br>Comme à l'égard de Roza. | 1.re<br>Oui.<br>2.e<br>Oui.<br>3.e<br>Oui. |

A 2 heures, MM. les Jurés se retirent dans leur chambre.

A 9 heures et demie du soir, ils reviennent sur les rangs.

Le plus grand silence règne dans la salle.

Ils prononcent par l'organe de leur Président. (Voyez en marge les réponses aux questions.)

En conséquence, sur les conclusions de M. l'Avocat-général pour M. le Procureur général : — Au nom du Roi,

La Cour après en avoir délibéré.

Ordonne que Jacquemet, Roza et Simon sont déchargés d'accusation et mis sur-le-champ en liberté, s'ils ne sont détenus pour autre cause.

M. l'Avocat-général requiert que ces Messieurs restent détenus en vertu d'ordres administratifs. (1)

Condamne Rosset et Lavalette en chacun 10 ans de bannissement pour être retenus hors du territoire Français, 10 ans de surveillance après les 10 premières années, en fournissant un cautionnement de bonne conduite de chacun 100 mille francs, à l'affiche de l'arrêt, — et quant à Lavalette, à être dégradé de la Légion d'honneur.

Condamne Montain à 5 ans d'emprisonnement, 5 ans de surveillance après l'expiration de sa peine, sous le cautionnement de 25 mille francs, à l'amende de 1000; tous trois solidairement aux dépens.

Lorsque M. le Président a demandé aux accusés s'ils n'avaient rien à dire sur la prononciation de la peine, Rosset à paru très-surpris de ne pas voir leurs Avocats. M. le Président lui a dit avec douceur : c'est qu'apparemment ils ont vu que vous ne pouviez être jugés avec plus d'indulgence. Rosset a demandé qu'on ait égard dans la prison à leur position ; *on aura tous ceux*, a dit avec bonté M. le Président, *qui ne seront pas nuisibles à votre sûreté*.

Rosset en s'en allant à dit : MM. les Jurés, *vous avez commis une grande erreur*. Lavalette l'a alors entraîné en lui disant : *vous êtes bien bon de vous plaindre*.

M. le Président, en prononçant l'arrêt d'acquittement du colonel Jacquemet, lui a dit : qu'il venait de subir une cruelle épreuve, et l'a exhorté d'être fidèle au Roi et à l'honneur. Le colonel a répondu : M. le Président, je jure d'être fidèle *au Monarque et à la Patrie*.

Lorsque M. l'Avocat-général a dit : je requiers la dégradation de Lavalette de l'ordre de la légion d'honneur, ce dernier a fait un mouvement de colère et de dépit ; et quand M. le Président lui a dit : *vous avez manqué à l'honneur*. Il a répondu avec violence : *Jamais*, *M. le Président*.

M. le Président reprenant la parole, a dit : Simon, il est de mon devoir de vous faire, au nom de cette Ville, de nouveaux remercîmens pour les grands malheurs dont vous l'avez préservée par votre courageuse conduite.

(1) Ils ont depuis été rendu à la liberté.

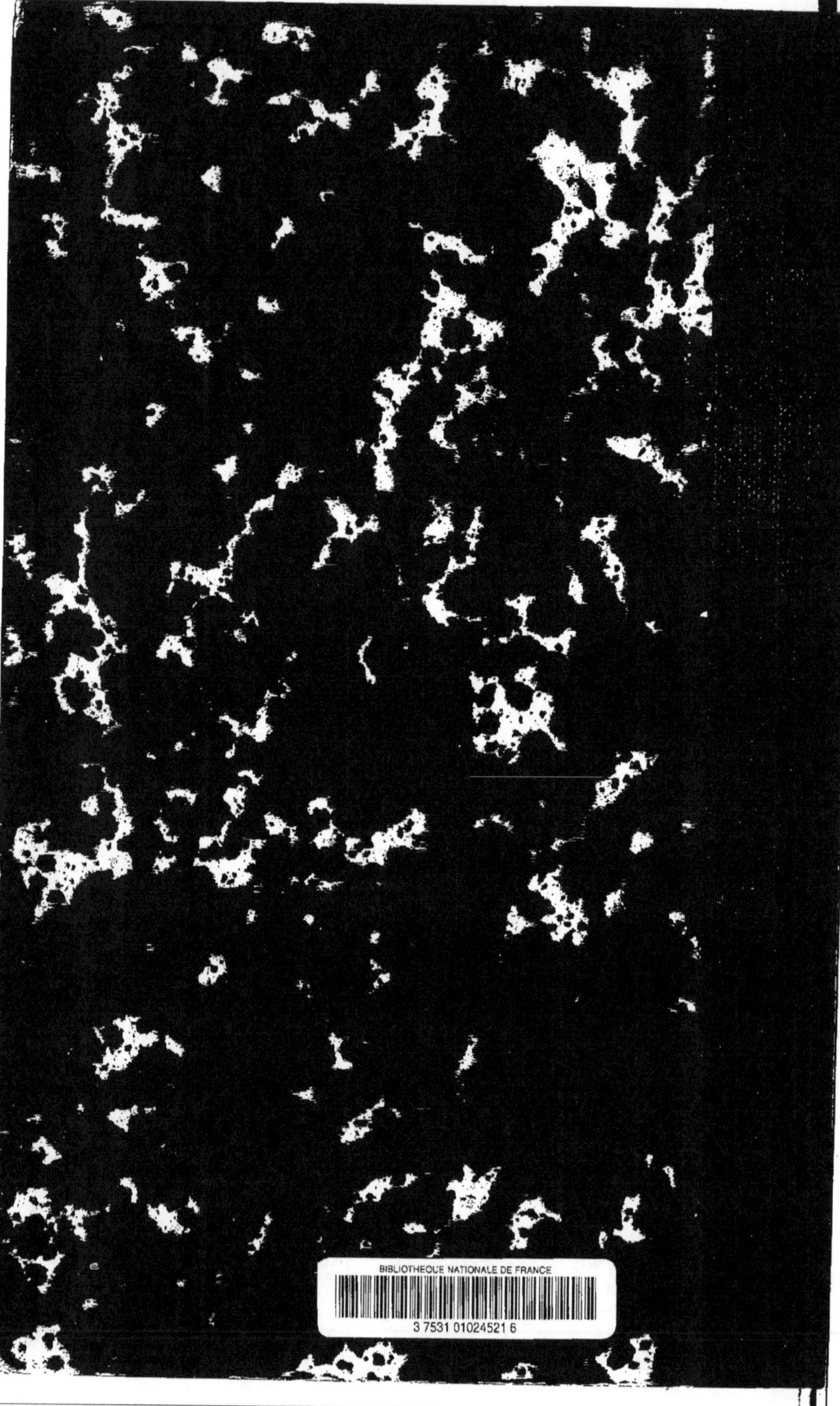

www.ingramcontent.com/pod-product-compliance
Lightning Source LLC
LaVergne TN
LVHW020403230826
846091LV00003B/1124

* 9 7 8 2 0 1 3 6 1 4 0 4 7 *